高等职业院校财经类专业“十三五”规划教材

成本会计实务

（附赠《成本会计实训》）

黄丽华　赵　静　褚义景　主　编
张胜喜　副主编
王可靖　陈平锋　参　编

上海财经大学出版社

图书在版编目(CIP)数据

成本会计实务/黄丽华，赵静，褚义景主编．—上海：上海财经大学出版社，2019.1

(高等职业院校财经类专业“十三五”规划教材)

ISBN 978-7-5642-3186-6/F·3186

Ⅰ.①成… Ⅱ.①黄…②赵…③褚… Ⅲ.①成本会计-会计实务-高等职业教育-教材 Ⅳ.①F234.2

中国版本图书馆 CIP 数据核字(2019)第 010161 号

□ 责任编辑　徐　超
□ 联系邮箱　1050102606@qq.com
□ 封面设计　张克瑶

成本会计实务

黄丽华　赵　静　褚义景　主　编
张胜喜　副主编
王可靖　陈平锋　参　编

上海财经大学出版社出版发行
(上海市中山北一路 369 号　邮编 200083)
网　址：http://www.sufep.com
电子邮箱：webmaster @ sufep.com
全国新华书店经销
上海新文印刷厂印刷装订
2019 年 1 月第 1 版　2019 年 1 月第 1 次印刷

787mm×1092mm　1/16　7.75 印张　198 千字
实训 3.25 印张　83 千字
印数：0 001—3 000　定价：42.00 元

高等职业院校财经类专业“十三五”规划教材

编写委员会

前　言

“十三五”时期(2016 年至 2020 年)是全面建成小康社会的决胜阶段,也是全面建成与社会主义市场经济相适应的会计体系的关键时期。根据《会计改革与发展“十三五”规划纲要》的要求,以《会计行业中长期人才发展规划(2010－2020 年)》为指导,不断提高会计人员专业胜任能力,大力推进会计人才队伍建设,优化会计人员结构。

高校是培养人才的主要基地,会计人才队伍建设离不开教材建设。根据教育部关于加强高等职业教育人才培养的有关文件要求,遵循“工学结合、理实一体”的教育理念,我们编写了《成本会计实务》教材。本教材具有以下特点:

(1)针对性强。参加编写的作者都是来自教学一线的双师型专业教师,有着丰富的教学和实践经验。

(2)操作性强。本教材突出应用性,以一个企业的成本核算内容贯穿整本教材,让学生掌握整个企业成本核算的原理、流程和逻辑关系。

(3)理论与实践结合。本书包括实务与实训两个部分,注重学生实践能力的培养,遵循学生职业能力培养的基本规律。

(4)体系完整、难易适度。本教材在保证学科体系完整的基础上,充分把握“基础理论必需、够用”的原则,简化理论叙述,通俗易懂。

本教材适用于高等职业教育院校、成人高校会计、财政、金融等相关专业的教学需要。

由于编者的水平有限,书中难免存在疏漏和不妥之处,敬请广大专家和读者批评指正,并将意见和建议及时反馈给我们,以便不断完善。

编　者

2018 年 12 月

目　录

项目一

成本会计导读

工作任务

1. 掌握成本的含义，理解成本的作用。
2. 了解成本会计的产生与发展。
3. 了解成本会计的职能。
4. 掌握成本会计的内容。
5. 明确成本会计的任务。
6. 理解成本核算的要求。

技能目标

1. 掌握划分各种耗费的界限。
2. 掌握费用的各种分类。
3. 掌握产品成本核算的基本程序。
4. 掌握产品成本核算的账户设置。

任务一　成本的含义和作用

杨欣到味鲜蛋糕店定制蛋糕，支付给蛋糕店 200 元。味鲜蛋糕店用 80 元购买了面粉、牛奶、奶油，蛋糕师制作一个蛋糕的工资为 40 元，店面租金摊销、加工工具(打蛋器等)消耗费用折算后约为 30 元。在不考虑其他费用的情况下，杨欣购买蛋糕的成本是多少呢？蛋糕店的成本是多少呢？蛋糕店可以获得多少利润呢？

通过表 1—1，我们可以得知杨欣购买蛋糕的成本为 200 元，蛋糕店的成本为 150 元。杨欣购买蛋糕的成本即为蛋糕店的销售收入 200 元，扣除成本 150 元，蛋糕店获取了 50 元利润。如果蛋糕店想要获取更高的利润应该怎么办呢？

表 1—1　　**成本计算表**

杨欣的成本	蛋糕店的成本	
蛋糕售价　200 元	面粉、牛奶、奶油	80 元

续表

杨欣的成本	蛋糕店的成本
	蛋糕师工资 40元
	店面租金摊销、加工工具等折算费用 30元
成本合计 200元	成本合计 150元

一种方法是提高售价，如将蛋糕价格提升到220元，在成本不变的基础上，利润由50元变为70元。但是提升售价增加了杨欣购买蛋糕的成本，当售价提升到一定程度时，杨欣会选择购买其他蛋糕店的蛋糕。因而售价提升不是企业获取更高利润的长久之计。另一种方法是降低成本，如降低购买食材成本、降低蛋糕师工资等方式。企业在市场上的竞争主要是产品质量和价格的竞争，而价格的竞争归根到底是成本的竞争。在产品质量相当的情况下，谁的成本控制得好，谁就能在市场竞争中立于不败之地。成本的重要性不言而喻，做好成本核算，可以有效提高企业的经济效益和市场竞争力。在本任务中，我们将学习成本的含义和作用，为后续任务的学习奠定理论基础。

一、成本的含义

人们为进行生产经营活动或达到一定目的，就必须付出一定的代价，这种代价可能是人力、物力，也可能是财力等资源。这些为特定目的所消耗或放弃的资源，就是成本。随着商品经济的不断发展，成本的内涵和外延都处在不断变化之中。

卡尔·马克思在《资本论》中指出："按照资本主义方式生产的每一个商品W的价值，用公式来表示是W=C+V+M 。如果我们从这个产品价值中减去剩余价值M，那么，在商品中剩下的只是一个生产要素上耗费的资本价值(C+V)的等价物或补偿价值……商品价值的这个部分，即补偿所消耗的生产资料价格和所使用的劳动力价格的部分，只是补偿商品是资本家自身耗费的东西，所以，对资本家来说，这就是商品的成本价格。"①

马克思在这里称为商品"成本价格"的那部分商品价值，指的就是商品成本，也称为理论成本。这种理论成本与我们实际工作中所应用到的成本概念有一定的差别。首先，实际会计核算中计算的成本，必须执行国家的政策和规定。如工业企业的正常废品损失，从实质看，它并不构成产品价值，不应属于成本的范围。但是考虑到经济核算的要求，将其计入成本，可使企业减少生产损失。其次，实际会计核算中计算的成本是将成本对象化到产品。马克思的商品成本是企业生产经营中所发生的全部耗费，而在实际工作中，是将商品的耗费，按照一定的标准分类，部分计入产品成本，部分计入期间费用。最后，在实际工作中，考虑到成本管理的要求，成本所涉及的范围可能更广。在实际工作中为了加强企业成本管理和正确地进行决策，涉及和应用的成本概念可能超出了商品产品成本的范围，如机会成本等。

二、成本项目

根据《企业产品成本核算制度(试行)》(财会〔2013〕17号)，制造企业一般设置直接材料、燃料和动力、直接人工和制造费用等成本项目。

1. 直接材料

直接材料是指构成产品实体的原材料以及有助于产品形成的主要材料和辅助材料。

---

① 贾成海．成本会计．北京：北京邮电大学出版社，2013.

2. 燃料和动力

燃料和动力是指直接用于产品生产的燃料和动力。

3. 直接人工

直接人工是指直接从事产品生产的工人的职工薪酬。

4. 制造费用

制造费用是指企业为生产产品和提供劳务而发生的各项间接费用，包括企业生产部门（如生产车间）发生的水电费、固定资产折旧、无形资产摊销、管理人员的职工薪酬、劳动保护费、国家规定的有关环保费用、季节性和修理期间的停工损失等。

三、成本的作用

成本在企业经营管理活动中具有十分重要的作用，主要表现在以下几个方面：

1. 成本是补偿生产耗费的尺度

企业要维持发展，需要不断地进行再生产，要进行再生产就必须对生产耗费进行补偿，成本作为补偿生产耗费的尺度具有重要作用。企业所获取的销售收入，如果能够补偿生产耗费，则企业能按原有规模发展；如果不能补偿生产耗费，即弥补成本，则企业会产生资金短缺，不能按原有规模再生产。

2. 成本是制定产品价格的基础

政治经济学认为价值决定价格，价值是凝结在商品中的社会必要劳动时间，而社会必要劳动时间是一个较为抽象的概念，现阶段人们还不能直接加以计算。所以，只能通过计算成本，通过产品成本间接地反映成本的价值，来作为制定产品价格的基础，综合考虑市场供求关系、国家经济政策、市场竞争态势等因素制定产品价格。

3. 成本是反映工作质量的指标

成本作为一项综合性经济指标，可以直接或间接地评价企业经营管理的业绩，如固定资产是否有效利用、原材料是否使用合理、产品质量是否符合要求等，都可以通过成本直接或间接地反映出来。因此，可以将成本作为反映工作质量的指标，监督、考核企业经济效益。

4. 成本是制定经营策略的依据

在日益激烈的竞争环境下，企业要提升竞争力必须进行正确的生产经营策略。经营策略的核心问题是经济效益的高低。在价格等因素一定时，成本的高低直接影响企业的盈利，较低的成本能够让企业获取更高的利润和经济效益。因此，成本是制定经营策略的依据，对企业经营预测、决策有不可或缺的意义。

任务二　认识成本会计

一、成本会计的产生与发展

成本作为一种客观存在的观念、思想以及简单的计量记录行为在很早以前就产生了，但作为现代意义上的成本会计，特别是作为一个完整的系统，是伴随着工业革命后产生近代制造产业而产生的。成本会计的发展先后经历了早期成本会计、近代成本会计、现代成本会计和战略成本会计四个阶段。

（一）早期成本会计阶段（1880～1920年）

成本会计起源于英国。19世纪初期工业革命的爆发，机器生产代替了手工操作，生产规模得到了空前扩大，企业经营重心开始逐渐转换到如何对其内部现有经济资源有效管理上。以职能分权划分为基础的企业生产组织结构的形成、连续多工序生产模式的形成都推动着成本会计的发展，在这一阶段成本会计在以下方面取得了进展：

（1）形成了以职能部门为对象的经济资源消耗累计制度，通过设置成本项目体现职能部门并以此归集和分配其期间各项经济资源的耗用水平。

（2）利用分批成本计算法和分步成本计算法计算产品成本。

（二）近代成本会计阶段（1921～1945年）

20世纪初，资本主义市场经济迅速发展，市场竞争更加激烈，以事后核算为主的成本会计已不能满足经营管理者的要求。适应此挑战而产生的泰勒科学管理运动使人们对传统的事后管理的认识提前到对事中管理，并制定了有效的标准，作为评价和考核的依据。为配合科学管理运动的需求，成本会计核算制度也有较大突破：

（1）以标准成本和脱离差异两步归集和分配为特征的标准成本制度的形成，是成本会计发展史上一次质的飞跃。

（2）预算制度的完善。预算控制开始由采用固定预算方法发展到编制弹性预算。

（三）现代成本会计阶段（1946～1980年）

第二次世界大战后，资本主义垄断经济和跨国公司的出现，企业规模不断扩大，生产经营范围不断扩展，现代自然科学、技术科学和社会科学的一系列成就已应用到企业管理中。近代成本会计阶段所形成的事中标准成本制度已不能满足管理对相关成本信息的需求。基于此，会计界着眼于建立一种全新的成本信息系统，在这一阶段成本会计主要取得了以下进展：

（1）成本预测理论和方法。企业开始注重成本预测、成本决策和成本计划。

（2）目标管理理论。企业开始实行目标成本的计算，建立成本控制。

（3）实施责任成本核算。建立了成本分析和考评，使成本控制更为有效。

（4）推行质量成本核算。按产品从形成到消费的全过程，对发生的各种质量成本进行货币形态计量的核算，它扩大了成本会计的研究领域，是质量成本管理的基础。

（四）战略成本会计阶段（1981年至今）

20世纪80年代以来，随着计算机技术的发展、生产方式的改变、不断加剧的全球化竞争，产品成本结构与市场竞争模式发生了巨大改变，战略相关性成本管理已成为成本管理系统不可或缺的部分。战略成本会计是企业为了获得和保持长期竞争优势而进行的成本分析与管理，其目的是为了适应企业复杂多变的生存和竞争环境，帮助企业确立竞争战略，采用与竞争战略相配套的成本管理制度、成本管理方法，使企业立于不败之地。

二、成本会计的职能

成本会计作为会计的一个重要分支，其基本职能同会计职能一样，具有核算和监督两大基本职能。

（一）核算职能

核算职能是成本会计的基本职能。成本会计运用专门的成本计算方法，按一定的对象和分配标准进行生产费用的归集和分配，计算产品的成本。成本会计的核算职能以已发生的各种费用为依据，为经营管理者提供真实可靠的成本信息，从而使成本分析、考核、预测等工作建立在有客观依据的基础上。

（二）监督职能

成本会计的监督职能，是指按照一定的目的和要求，通过控制、调节、指导和考核等，监督各项生产经营耗费的合理性、合法性和有效性，以达到预期的成本管理目标的功能。成本会计的监督，包括事前、事中和事后监督。首先，从企业经济管理活动对降低成本、提高经济效益的要求出发，对企业未来经济活动的计划或方案进行审查。其次，成本会计通过成本信息的反馈，进行事中、事后监督，控制和考核企业经济活动。

三、成本会计的内容

成本会计的职能决定了成本会计的具体内容。成本会计的主要内容包括以下七个方面：

（一）成本预测

根据成本相关数据，结合企业环境，采用科学的方法，分析和预测企业未来成本水平及其变化趋势。

（二）成本决策

在成本预测的基础上，综合企业其他资料，制定若干与经营活动相关的优化成本方案，运用决策理论选择最优方案，确定目标成本。

（三）成本计划

根据成本决策中所确定的目标成本，确定计划期内为完成计划产量应发生的生产耗费和各种产品的成本水平，制定为达到规定成本水平所应采取的具体措施。

（四）成本控制

根据预定的成本标准，对成本的发生和形成过程以及影响成本的各种因素和条件施加主动的影响，以实现最低成本，并保证合理的成本补偿。

（五）成本核算

根据核算对象，采用专门的成本核算方法，按规定的成本项目，通过一系列生产费用的汇集与分配，正确划分各种费用界限，从而计算出各种产品的实际总成本和实际单位成本。

（六）成本考核

定期对成本计划和有关指标的实际完成情况进行评价和考核，以监督和促使企业加强成本管理责任制，履行经济责任，提高成本管理水平。

（七）成本分析

根据成本核算提供的资料，运用一定的方法，揭示产品成本水平的变动，查明变动原因及责任人，提出积极的建议，以采取有效措施，进一步降低成本，为新的经营决策提供依据。

四、成本会计的任务

（一）进行成本预测和决策，编制成本计划，为企业成本管理提供依据

在日益激烈的竞争环境下，企业要求得生存和发展，成本控制是非常重要的方面。企业应根据历史成本资料、市场调查情况以及其他有关方面的资料，确定目标成本，根据目标成本编制成本计划，为企业成本管理提供依据。做好成本预测和成本决策工作，可为企业挖掘降低成本的潜力、提高经济效益指明方向和途径。

（二）严格审核和控制各项费用支出，节省开支，降低成本

在售价一定的情况下，成本越低，企业所能获取的经济效益越高。为了让企业获取更高的

经济效益，企业需要以同行业有关成本费用开支范围和标准为依据，结合企业自身的实际情况，立足成本计划，探讨降低产品成本的途径和方法，节省开支，降低成本。

（三）及时、准确核算产品成本，为企业经营管理提供成本信息

企业要依据会计准则和企业会计制度的有关要求，按照企业特点采用适当的成本计算方法，及时核算产品成本。及时、准确地进行成本核算，提供真实、有效的成本信息，是成本会计的基本任务。成本核算所提供的信息，不仅是企业足额补偿生产耗费、正确确定产品利润，制定产品价格的依据，也是企业进行成本管理的基础。

（四）考核成本计划完成情况，开展成本分析

成本是一项综合性指标，能够综合反映企业以及企业内部有关单位的工作业绩。成本会计要根据成本计划的要求，考核成本计划完成情况，开展成本分析，找到企业成本管理工作中存在的优点和不足，并根据不足查找问题及原因，制定改进措施，不断改善成本管理工作，提高企业经济效益。

任务三　产品成本的核算要求

一、正确划分各种耗费界限

（一）划分生产耗费与期间费用的界限

企业在生产经营过程中支出的用途不尽相同，不同用途的支出，其列支的项目应有所不同。凡构成产品成本有关的费用应计入生产成本，如为生产一定数量种类产品而发生的直接材料、直接人工、制造费用等生产耗费；与产品生产无直接关系的费用，应作为期间费用计入当期损益，如企业为销售产品而发生的销售费用等。

（二）划分各种支出的界限

费用是企业日常经营活动中发生的，会导致所有者权益减少的、与所有者分配利润无关的经济利益的总流出。在归集成本时，要区分企业日常支出与非日常支出。日常支出是指与企业生产经营有关的支出，包括经营活动支出、投资活动支出和筹资活动支出；非日常经营支出是指与企业生产经营无关的支出，如企业支付的罚款等。

（三）划分各会计期间产品成本的界限

按照权责发生制的要求，按月划分产品成本和期间费用，凡应该由本月承担的成本、费用，计入本月成本费用；不应由本月负担的，不计入本月成本。按月划分产品成本有利于按月分析和考核成本计划的执行情况和结果，正确计算各月损益，是保证成本核算准确的重要环节。

（四）划分各种产品的费用界限

大多数企业生产的产品不止一种，为了正确计算各产品的成本，对于计入产品成本的生产费用，必须划清不同产品之间应负担的生产耗费的界限。属于某种产品单独发生，能够直接计入产品成本的成本，应直接计入产品成本；属于多种产品共同发生，不能直接计入产品成本的费用，应该采用合理的方法计算分配，分别计入各种产品成本。

（五）划分完工产品成本与在产品成本的界限

正确划分完工产品与在产品的生产费用是核算某种产品成本的关键。在核算产品成本时，如果某种产品全部完工，无须划分生产费用，全部作为该种产品完工成本；如果某种产品全

部未完工,也无须划分生产费用,全部作为未完工产品成本;如果既有完工产品,又有在产品,则应采用适当的分配方法将该种产品本期的生产费用在完工产品与在产品之间划分。

二、对费用进行合理的分类

(一)按经济内容分类

企业的生产经营过程,也是物化劳动(劳动对象和劳动手段)和活劳动的耗费过程,因而生产经营过程中发生的费用,按其经济内容分类,可划归为劳动对象方面的费用、劳动手段方面的费用和活劳动方面的费用三大类。这三大类可以称为费用的三大要素。在此基础上,费用按经济内容可以划分为以下八大费用要素:

1. 外购材料

企业为进行生产而耗用的一切从外部购入的原料及主要材料、辅助材料、半成品、包装物、修理用备件及低值易耗品等。

2. 外购燃料

企业为进行生产经营而耗用的一切从外部购入的各种燃料,包括固体燃料、液体燃料、气体燃料。

3. 外购动力

企业为进行生产经营而耗用的一切从外部购入的各种动力,如电力、风力等。

4. 职工薪酬

企业为进行生产经营而发生的各种职工薪酬。

5. 折旧和摊销费

企业按照规定的固定资产折旧方法、无形资产等摊销办法,对生产经营的固定资产所计算的折旧费用,对生产经营的无形资产计算的摊销费。

6. 利息支出

企业应计入财务费用的各种借入款项的利息支出减去利息收入后的净额。

7. 税金

企业应缴纳并计入当期损益的各种税金。

8. 其他支出

不属于上述要素但应计入产品成本或期间费用的费用支出,如差旅费、租赁费、保险费等。

以上八大费用要素可以反映一定时期内生产经营中发生了哪些费用,金额是多少,有利于企业分析和考核各个时期费用的构成和水平。同时,有利于企业根据划分的外购材料、外购燃料等物化劳动耗费和职工薪酬等活劳动的耗费来编制材料采购计划、劳动工资计划等。但是这种分类不能说明各项费用的用途,不利于分析各种费用的支出是否节约、合理。

(二)按经济用途分类

费用按经济用途分类,可以反映不同职能部门的耗费。

1. 生产费用

(1)直接材料。构成产品实体的原材料以及有助于产品形成的主要材料和辅助材料。

(2)直接燃料和动力。直接用于产品生产的燃料和动力。

(3)直接人工。直接从事产品生产的工人的职工薪酬。

(4)制造费用。制造费用,是指企业为生产产品和提供劳务而发生的各项间接费用,包括企业生产部门(如生产车间)发生的水电费、固定资产折旧、无形资产摊销、管理人员的职工薪酬、劳动保护费、国家规定的有关环保费用、季节性和修理期间的停工损失等。

2. 期间费用

(1)销售费用。企业在销售产品和提供劳务等过程中发生的各项费用,以及专设销售机构的各项经费。

(2)管理费用。企业行政管理部门为组织和管理生产经营活动发生的各项费用。

(3)财务费用。企业为筹集资金而发生的各项费用。

三、做好基础工作

(一)原始记录工作

原始记录是反映企业生产经营活动的原始资料,是企业最初记载各项业务实际情况的书面凭证。它是编制成本计划、制定各项定额的主要依据,也是成本管理的基础。因此,工业企业对生产过程中材料的领用、动力与工时的耗费、在产品及半成品的转移等,都要有真实的原始记录,并统一规范格式、内容、计算方法,做到及时、准确地反映生产经营活动的情况。

(二)定额管理工作

定额是企业在一定的生产技术和组织条件下,在充分考虑人的能动性基础初上,对生产过程中消耗的人力、物力和财力应达到的数量标准所做的规定。企业应对原材料、燃料、动力等制定合理定额,为编制成本计划、加强成本核算和分析提供依据,促使各部门有效地使用人力、物力和财力等资源。

(三)计量验收工作

为了进行成本管理和成本核算,企业在生产经营过程中必须建立和健全材料物资的计量、收发、领退和盘点制度。企业发生的原材料的收发、领退,在产品、半成品的内部转移及库存商品的入库等,必须经过严格的计量、验收,填制相应的凭证,办理审批手续,严格计量、验收,防止任意领发和转移材料物资,保证成本核算的真实性。

(四)内部结算价格工作

为了加强内部经济核算和成本管理,分析和考核企业内部各单位成本计划的完成情况和管理业绩,划分经济责任,计算经济效果,企业应当对材料、动力、工具、半成品和其他劳务制定合理的厂内计划价格。

(五)适当成本计算方法

产品是生产过程中形成的,产品的生产组织、生产工艺特点以及成本管理要求不同,对产品成本的计算有不同的要求。为了正确、及时地计算产品成本,为成本管理提供有用的成本信息,企业要按照产品生产特点和管理要求,选择适当的成本计算方法。

任务四　产品成本的核算流程

一、产品成本核算的基本程序

(一)审核和控制生产费用

企业应对各项支出进行严格的审核和控制,在对各项支出的合理性、合法性进行严格审核、控制的基础上,按国家有关规定确定应计入产品成本和期间费用的费用数额。同时,正确处理跨期摊提工作，准确计算产品成本的间隔期间。

（二）归集分配生产费用

对于审核无误的生产费用，企业应该按照受益原则将其进行归集和分配。对直接计入费用，应当直接计入各成本核算对象的成本中；对间接计入费用，应当按照受益程度的大小分配计入各成本核算对象。间接计入费用分配的步骤如下：

1. 选择分配标准

所选择的分配标准应与分配对象密切相关，同时，作为分配标准的数据还应容易取得，便于计算。不同的费用往往需要选择不同的标准进行分配，常用的分配标准有以下几类：消耗类分配标准（如生产工人工资、生产工时、机器工时、材料消耗数量等）、成果类分配标准（如受益对象的产量、重量、体积等）、定额类分配标准（如受益对象的定额消耗量、定额费用等）。

2. 计算费用分配率

费用分配率＝待分配的费用总额/分配标准的总量

计算公式中的分配标准的总量，是指各受益对象的分配标准数量之和。在产品成本核算工作中，费用分配率计算的精确程度需根据实际工作的要求而定，一般保留小数点后三四位数即可。

3. 计算各受益对象应分配的费用

某受益对象应分配的费用＝该受益对象的分配标准×费用分配率

应用上述公式可依次计算出各受益对象应分担的费用。各受益对象应负担的费用之和，应与待分配的费用总额完全相等。如因计算过程中“四舍五入”出现计算尾差，应将尾差计入某一受益对象。

（三）归集分配完工产品和期末在产品的成本费用

对于某产品成本计算对象来说，如果计算期期末既有完工产品又有在产品，应当将该产品的生产费用（月初在产品生产费用与本月生产费用之和）在完工产品与月末在产品之间进行分配，计算出该种产品完工产品成本和月末在产品成本。成本核算的基本程序如图1—1所示。

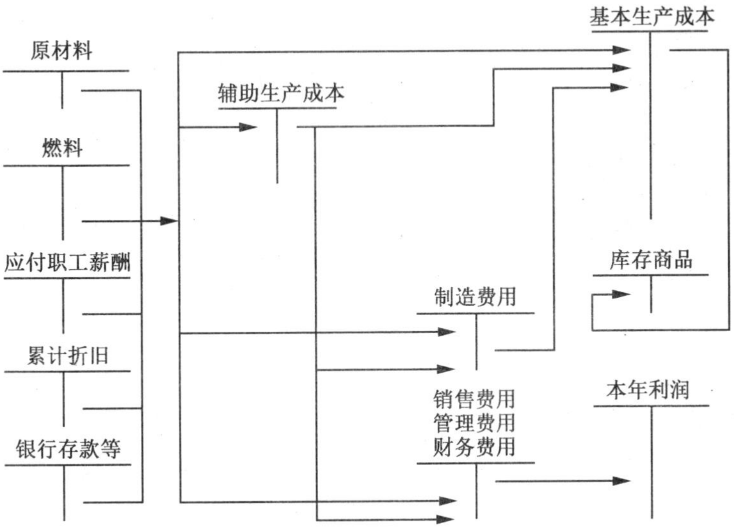

图1—1　成本核算账务处理程序

二、产品成本核算的账户设置

(一)“生产成本”科目

“生产成本”科目核算企业进行工业性生产发生的各项生产成本，包括生产各种产品(产成品、自制半成品等)、自制材料、自制工具、自制设备等。“生产成本”科目借方反映所发生的各项生产费用，贷方反映完工转出的产品成本，期末余额在借方，反映尚未加工完成的各项在产品成本。“生产成本”科目按产品品种等成本核算对象设置“基本生产成本”“辅助生产成本”明细科目。

1.“基本生产成本”科目

基本生产是指为完成企业主要生产目的而进行的商品产品生产。“基本生产成本”科目用来归集和分配企业进行基本生产所耗费的各种生产费用。该科目借方反映企业为进行基本生产而发生的各种费用，贷方反映转出的完工入库的产品成本，余额在借方，表示基本生产的在产品成本。基本生产成本明细账如表1－2、表1－3所示。

2.“辅助生产成本”科目

辅助生产是指为基本生产服务而进行的产品生产和劳务供应。“辅助生产成本”科目用来归集和分配企业进行辅助生产所耗费的各项生产费用。该科目借方反映为进行辅助生产而发生的各项费用，贷方反映完工入库产品的成本或分配转出的劳务成本，余额在借方，表示辅助生产在产品的成本。辅助生产成本明细账如表1－4、表1－5所示。

(二)“制造费用”科目

“制造费用”是指企业为生产产品(或提供劳务)而发生的，应计入产品成本但没有专设成本项目的各项生产费用。“制造费用”科目核算企业生产部门为生产产品和提供劳务而发生各项间接费用，以及虽然直接用于产品生产但管理上不要求或不便于单独核算的费用。该科目借方反映生产部门制造费用的发生数，贷方反映用于分配至生产部门的制造费用。期末，将共同负担的制造费用按照一定的标准分配计入各成本核算对象，“制造费用”科目期末一般没有余额。制造费用明细账如表1－6所示。

(三)“废品损失”科目

“废品损失”科目用来归集和分配企业生产部门的各种废品损失。“废品损失”科目借方反映生产部门归集的废品损失，贷方反映生产部门分配的废品损失，期末一般无余额。废品损失明细账如表1－7所示。

(四)“销售费用”科目

“销售费用”是指企业销售商品和材料，提供劳务的过程中发生的各种费用，包括保险费、包装费、展览费和广告费、商品维修费、预计产品质量保证损失、运输费、装卸费等以及为销售本企业商品而专设的销售机构的职工薪酬、业务费、折旧费等经营费用。该科目借方登记企业发生的各项销售费用，贷方登记期末转入“本年利润”科目的销售费用，期末一般没有余额。销售费用明细账如表1－8所示。

(五)“管理费用”科目

“管理费用”是指企业为组织和管理生产经营而发生的各种费用，包括企业在筹建期内发生的开办费、董事会和行政管理部门在企业的生产经营管理中发生的以及应由企业统一负担的公司经费、行政管理部门负担的工会经费、董事会费、聘请中介机构费、咨询费、诉讼费、业务招待费、研发费用等。该科目借方登记企业发生的各项管理费用，贷方登记期末转入“本年利润”科目的管理费用，期末一般没有余额。管理费用明细账如表1－9所示。

表 1—2

基本生产成本明细账

一级科目：基本生产成本　　　　第____页

二级科目：甲产品　　　　生产车间：第一车间

2017年 月	日	凭证字号	摘　要	直接材料（百十万千百十元角分）	燃料及动力（百十万千百十元角分）	直接人工（百十万千百十元角分）	制造费用（百十万千百十元角分）	废品损失（百十万千百十元角分）	合计（百十万千百十元角分）
5	1		月初余额	7694000	1695000	409500	293000		10091500
5	31		材料耗费	91315197					91315197
5	31		燃料耗费		5269091				5269091
5	31		外购动力		7747819				7747819
5	31		薪酬耗费			4914546			4914546
5	31		自制动力		7324380				7324380
5	31		水费	1010182					1010182
5	31		制造费用				3525060		3525060
5	31		本月合计	92325379	20341290	4914546	3525060		121106275
5	31		成本累计	100019379	22036290	5324046	3818060		131197775
5	31		转出完工	92325581	20659022	4991293	3579431		121555327
5	31		月末余额	7693798	1377268	332753	238629		9642448

表 1—3

基本生产成本明细账

一级科目:基本生产成本

二级科目:乙产品

第____页

生产车间:第一车间

2017年 月	2017年 日	凭证字号	摘要	直接材料	燃料及动力	直接人工	制造费用	废品损失	合计
5	31		材料耗费	546183.03					546183.03
5	31		燃料耗费		43909.09				43909.09
5	31		外购动力		66521.81				66521.81
5	31		薪酬耗费			40954.54			40954.54
5	31		自制动力		61036.20				61036.20
5	31		水费	8418.18					8418.18
5	31		制造费用				29209.40		29209.40
5	31		转出废品	16200.00		1060.00	840.00		18090.00
5	31		转入废品					16790.00	16790.00
5	31		本月合计	538401.21	171467.10	39904.54	28369.40	16790.00	794932.25
5	31		转出完工	538401.21	171467.10	39904.54	28369.40	16790.00	794932.25

表 1—4

辅助生产成本明细账

一级科目:辅助生产成本　　　　　　　　　　　　　　第____页

二级科目:供电车间　　　　　　　　　　　　　　　　生产车间:____供电车间____

2017年		凭证字号	摘要	耗费项目																																																			
月	日			原材料								燃料								薪酬费								折旧费								办公费								其他								水费							
				十	万	千	百	十	元	角	分	十	万	千	百	十	元	角	分	十	万	千	百	十	元	角	分	十	万	千	百	十	元	角	分	十	万	千	百	十	元	角	分	十	万	千	百	十	元	角	分	十	万	千	百	十	元	角	分
5	31		材料耗费				8	8	0	0	0																																																
5	31		燃料耗费										7	0	0	0	0	0	0																																								
5	31		薪酬耗费																		5	3	9	0	6	0	0																																
5	31		折旧费																											6	9	7	0	0	0																								
5	31		其他耗费																																			3	6	5	0	0	0																
5	31		其他耗费																																											5	5	0	0	0	0								
5	31		本月小计				8	8	0	0	0		7	0	0	0	0	0	0		5	3	9	0	6	0	0			6	9	7	0	0	0			3	6	5	0	0	0			5	5	0	0	0	0								
5	31		分配转入																																																			1	8	0	0	0	0
			结转差异																																											6	0	2	6	0	0								
5	31		本月合计				8	8	0	0	0		7	0	0	0	0	0	0		5	3	9	0	6	0	0			6	9	7	0	0	0			3	6	5	0	0	0				5	2	6	0	0			1	8	0	0	0	0
5	31		分配转出				8	8	0	0	0		7	0	0	0	0	0	0		5	3	9	0	6	0	0			6	9	7	0	0	0			3	6	5	0	0	0				5	2	6	0	0			1	8	0	0	0	0

表 1—5

辅助生产成本明细账

一级科目：辅助生产成本　　　　第____页

二级科目：供水车间　　　　生产车间：供水车间

2017年 月	日	凭证字号	摘要	耗费项目 原材料（十万千百十元角分）	薪酬费（十万千百十元角分）	折旧费（十万千百十元角分）	办公费（十万千百十元角分）	其他（十万千百十元角分）	电费（十万千百十元角分）	（十万千百十元角分）
5	31		材料耗费	44000						
5	31		薪酬耗费		1083000					
5	31		折旧费			130000				
5	31		其他支出				89000			
5	31		其他支出					220400		
5	31		本月小计	44000	1083000	130000	89000	220400		
5	31		分配转入						180000	
5	31		结转差异					287600		
5	31		本月合计	44000	1083000	130000	89000	508000	180000	
5	31		分配转出	44000	1083000	130000	89000	508000	180000	

表 1—6

制造费用明细账

一级科目:制造费用

二级科目:第一车间

第____页

生产车间:　第一车间

2017年		凭证字号	摘　要	耗费项目						
月	日			原材料（十万千百十元角分）	燃料（十万千百十元角分）	薪酬费（十万千百十元角分）	折旧费（十万千百十元角分）	办公费（十万千百十元角分）	其他（十万千百十元角分）	水电（十万千百十元角分）
5	31		材料耗费	90000						
5	31		燃料耗费		120000					
5	31		薪酬耗费			3260000				
5	31		折旧费				1480000			
5	31		办公费					650000		
5	31		其他支出						784000	
5	31		水电费							62000
5	31		本月合计	90000	120000	3260000	1480000	650000	784000	62000
5	31		分配转出	90000	120000	3260000	1480000	650000	784000	62000

表 1—7

废品损失明细账

一级科目:废品损失

二级科目:乙产品

第____页

生产车间:第一车间

2017 年 月	2017 年 日	凭证字号	摘　要	直接材料	直接人工	制造费用	合计
5	31		转入报废成本	1620000	105000	84000	
5	31		收回残值及赔偿	30000	100000		
5	31		废品净损失	1590000	5000	84000	
5	31		转出净损失	1590000	5000	84000	

表 1—8

销售费用明细账

一级科目：

二级科目：

第____页

2017 年		凭证字号	摘　要	耗费项目																																																			
				原材料								燃料								薪酬费								折旧费								办公费								差旅费								其他							
月	日			十	万	千	百	十	元	角	分	十	万	千	百	十	元	角	分	十	万	千	百	十	元	角	分	十	万	千	百	十	元	角	分	十	万	千	百	十	元	角	分	十	万	千	百	十	元	角	分	十	万	千	百	十	元	角	分
5	31		材料耗费			2	4	0	0	0	0																																																
5	31		燃料耗费											1	6	0	0	0	0																																								
5	31		薪酬耗费																		3	4	3	1	0	0	0																																
5	31		折旧费																											1	3	6	0	0	0																								
5	31		其他支出																																			4	6	0	0	0	0																
5	31		其他支出																																										2	3	0	0	0	0	0								
5	31		其他支出																																																				5	6	0	0	0
5	31		本月合计			2	4	0	0	0	0			1	6	0	0	0	0		3	4	3	1	0	0	0			1	3	6	0	0	0			4	6	0	0	0	0		2	3	0	0	0	0	0				5	6	0	0	0

表 1—9

管理费用明细账

一级科目：

二级科目：

第____页

2017年 月	2017年 日	凭证字号	摘要	耗费项目 原材料（十万千百十元角分）	燃料（十万千百十元角分）	薪酬费（十万千百十元角分）	折旧费（十万千百十元角分）	办公费（十万千百十元角分）	招待费（十万千百十元角分）	其他（十万千百十元角分）
5	31		材料耗费	1500000						
5	31		燃料耗费		240000					
5	31		薪酬耗费			6788000				
5	31		折旧费				1561000			
5	31		其他支出					1350000		
5	31		其他支出						980000	
5	31		其他支出							1620000
5	31		辅助生产差异							315000
5	31		本月合计	1500000	240000	6788000	1561000	1350000	980000	1935000

（六）"财务费用"科目

"财务费用"是指企业为筹集生产经营所需资金等而发生的筹资费用，包括利息支出、汇兑损益以及相关的手续费，企业发生的现金折扣等。该科目借方登记企业发生的各项财务费用，贷方登记期末转入"本年利润"科目的财务费用，期末一般没有余额。

（七）"长期待摊费用"科目

"长期待摊费用"科目核算企业已经发生但应由本期和以后各期负担的分摊期在1年以上的各项费用。该科目借方登记已经支付尚未摊销的费用，贷方登记应摊入本期产品的成本和期间费用的费用，即用于分配长期待摊费用，期末余额在借方，表示已经支付尚未摊销的费用。

项目二

品种法计算产品成本

工作任务

1. 设置成本费用明细账。

2. 编制材料耗费分配表、燃料耗费分配表、外购动力耗费分配表、职工薪酬耗费分配表、固定资产折旧费用分配表、其他费用耗费分配表。

3. 编制辅助生产费用分配表、制造费用分配表、废品损失分配表。

4. 填制记账凭证。

5. 登记成本费用明细账。

6. 编制产品成本计算单。

7. 编制产成品成本汇总表。

技能目标

1. 掌握成本核算工作流程。

2. 掌握制造成本法的基本原理,运用恰当的方法,正确计算各种耗费,归集生产费用,按受益原则,分配生产费用,确定完工产品成本。

案例导入

星光厂是一个小型生产企业,主要生产甲产品和乙产品,相关资料如表2—1所示,甲产品月初在产品成本如表2—2所示。该企业设有一个基本生产车间:第一车间,两个辅助生产车间:供水车间、供电车间,另设有财务、销售等职能部门。

表1—2至表1—9列示了各明细账。

表2—1　　甲产品和乙产品相关资料

	甲产品	乙产品
本月完工	120件	100件
月末在产品	10件(投料率100%,加工程度80%)	0
定额重量	1 800千克/件	1 300千克/件
工时定额	35小时/件	35小时/件

续表

	甲产品	乙产品
生产工时	35 小时/件	34.8 小时/件
机器工时	33 小时/件	34 小时/件
A 材料消耗定额	2 480 千克/件	1 790 千克/件
C 材料费用定额	32 元/件	30 元/件

表 2—2　　甲产品月初在产品成本

成本项目	直接材料	燃料及动力	直接人工	制造费用	合计
金额(元)	76 940.00	16 950.00	4 095.00	2 930.00	100 915.00

产品成本是以产品为对象归集的生产耗费,包括的内容很广,既有材料耗费、人工耗费、动力耗费,又有对辅助生产部门提供的劳务或产品的耗费,还有生产部门为组织和管理生产而发生的耗费,以及产品生产过程中发生的生产损失等。

任务一　材料耗费的分配

材料是生产过程中的劳动对象,企业在生产经营过程中,材料进入生产过程需要经过取得、储存、领用三个环节,在这三个环节中,根据相关原始凭证登记"原材料"收发存明细账,月末按照受益对象编制材料发料凭证汇总表。

一、审核原始凭证,确定材料耗费的受益对象

为了正确核算发出材料的成本和产品成本中耗用的材料费用,成本会计首先对各领退料凭证进行审核,监督其合法性、合规性。对审核无误的领退料凭证按照材料的耗用部门或用途编制发料凭证汇总表(见表 2—3、表 2—4),根据发料凭证汇总表编制材料费用分配表,分别计入产品成本或期间费用。

表 2—3　　原材料及主要材料汇总表

领料单位	材料名称	用途	单位	数量	单价	金额
一车间	A	甲乙产品	吨	475	3 033	1 440 675
一车间	B	甲乙产品	吨	15	280	4 200

表 2—4　　辅助材料汇总表

领料单位	材料名称	用途	单位	数量	单价	金额
第一车间	C	甲乙产品	千克	330	22	7 260
第一车间	D	甲	吨	1.2	6 000	7 200
供水车间	E		吨	4	110	440

续表

领料单位	材料名称	用途	单位	数量	单价	金额
供电车间	E		吨	8	110	880
第一车间	F	车间用	盒	3	300	900
公司行政管理部门	F		盒	50	300	15 000
销售部门	F		盒	8	300	2 400

(一)基本生产车间耗用的材料

基本生产车间耗用的材料主要包括：

(1)生产产品直接耗用的原材料，是基本生产车间生产产品直接耗用的，直接计入各产品基本生产成本明细账“直接材料”成本项目。

(2)基本生产车间一般耗用原材料，即生产车间为组织和管理生产以及保证生产能正常进行而耗用的原材料，这些材料服务于产品生产，不直接用于产品生产，属于间接成本，计入“制造费用”明细账。

(二)辅助生产车间耗用原材料

辅助生产车间耗用原材料，是辅助生产车间生产产品或提供劳务而耗用的，可以按用途分为为生产产品或提供劳务直接耗用的和车间间接耗用的。

(1)直接用于生产辅助车间生产产品或提供劳务的，应直接计入辅助生产明细账的“直接材料”成本项目，辅助生产车间一般耗用的材料计入“制造费用”明细账。

(2)辅助生产车间不对外提供产品或劳务，而且辅助生产车间规模不大，可以不设“制造费用”账户，将所耗用的原材料一并计入“辅助生产成本”明细账。

(三)行政管理部门耗用原材料

企业行政管理部门耗用的原材料，属于期间费用，冲减当期损益，不计入产品成本，计入“管理费用”明细账。

(四)销售机构耗用原材料

销售机构耗用的原材料，属于期间费用，冲减当期损益，不计入产品成本，计入“销售费用”明细账。

二、直接材料费用的分配

用于产品生产的原料及主要材料，都是按产品分别领用的，属于直接费用，构成产品实体并能直接确定归属对象的材料费，应直接计入各产品成本明细账的“直接材料”成本项目。

一批材料为几种产品共同耗用，应选择适当的分配标准分配，计入相应产品的基本生产成本明细账的“直接材料”成本项目。一般分配标准有产品的重量、体积、产量、定额耗用量、定额成本等。

(一)定额耗用量分配法

定额耗用量分配法是指将共同耗用的材料费用以产品的定额耗用量为分配标准进行分配的方法。定额消耗量是指一定产量的产品所消耗材料的数量。

某产品材料定额耗用量＝该产品实际产量×该产品材料消耗定额

材料费用分配率＝各产品共同耗用的材料费用总额/各产品材料定额耗用量之和

某产品应分配的材料费用=该产品材料定额耗用量×材料费用分配率

根据表2—3，星光厂生产甲产品和乙产品，共同消耗A材料475吨，单位成本3 033元，计1 440 675元。这些耗费无法根据发料凭证确认归属于甲产品还是乙产品，属于共同耗用，需要在甲产品、乙产品之间进行分配。甲产品消耗定额为2 480千克/件，乙产品消耗定额为1 790千克/件。采用定额耗用量分配法分配。

(1)计算甲乙产品的定额耗用量

甲产品定额耗用量=120×2 480=297 600(千克)

乙产品定额耗用量=100×1 790=179 000(千克)

(2)计算材料费用分配率：

A材料消耗分配率=1 440 675/(297 600+179 000)=3.022 8

(3)计算甲产品、乙产品应分配的A材料：

甲产品承担的材料耗费=297 600×3.022 8=899 585.28(元)

乙产品承担的材料耗费=1 440 675−899 585.28=541 089.72(元)

(二)定额费用比例分配法

定额费用比例分配法是指将各产品共同耗用的材料费用以产品定额费用为分配标准进行分配的方法。定额费用是指一定产量的产品所消耗的材料的价值。

某产品的定额费用=该产品实际产量×某产品的单位费用定额

材料费用分配率=各产品共同耗用的材料费用总额/各产品材料定额费用之和

某产品应分配的材料费用=该产品材料定额费用×材料费用分配率

根据表2—4，星光厂生产甲产品和乙产品，共同耗用C材料330千克，每千克22元，共计7 260元。这些耗费无法根据发料凭证确认归属于甲产品还是乙产品，属于共同耗用，需要在甲产品、乙产品之间进行分配。甲产品单位费用定额为32元/件，乙产品单位费用定额为30元/件。采用定额费用比例分配法分配。

(1)计算甲乙产品的定额费用：

甲产品定额耗用量=120×32=3 840(元)

乙产品定额耗用量=100×30=3 000(元)

(2)计算材料费用分配率：

C材料消耗分配率=7 260/3 840+3 000=1.061 4

(3)计算甲产品、乙产品应分配的C材料：

甲产品承担的材料耗费=3 840×1.061 4=4 075.78(元)

乙产品承担的材料耗费=7 260−4 075.78=3 184.22(元)

(三)产品产量比例分配法

产品产量比例分配法就是按各种产品的实际产量作为分配标准的分配方法。

材料费用分配率=各产品共同耗用的材料费用总额/各产品实际产量之和

某产品应分配的材料费用=该产品实际产量×材料费用分配率

根据表2—3，星光厂生产甲产品和乙产品，共同耗用B材料15吨，每吨280元，共计4 200元。这些耗费无法根据发料凭证确认归属于甲产品还是乙产品，属于共同耗用，需要在甲产品、乙产品之间进行分配。本月投产甲产品120件，乙产品100件。采用产品产量比例分配法分配。

(1)计算材料费用分配率：

B材料消耗分配率＝4 200/(120＋100)＝19.090 9

(2)计算甲产品、乙产品应分配的B材料：

甲产品承担的材料耗费＝120×19.090 9＝2 290.91(元)

乙产品承担的材料耗费＝4 200－2 290.91＝1 909.09(元)

三、材料费用分配表的编制及实务操作

(一)编制材料费用分配表

根据审核后的发料凭证汇总表以及产品共同耗用材料费用的分配，编制材料费用分配表，如表2－5所示。

表2－5　　材料耗费分配表

应借科目		成本或费用项目	原材料										合计
			直接计入	分配计入(A)			分配计入(B)			分配计入(C)			
				定额耗用量	分配率	分配金额	产量	分配率	分配金额	定额成本	分配率	分配金额	
基本生产成本	甲产品	直接材料	7 200	297 600		899 585.28	120		2 290.91	3 840		4 075.78	913 151.97
	乙产品	直接材料		179 000		541 089.72	100		1 909.09	3 000		3 184.22	546 183.03
	小计		7 200	476 600	3.0228	1 440 675	220	19.0909	4 200	6 840	1.0614	7 260	1 459 335.00
制造费用	第一车间		900										900.00
辅助生产成本	供电车间		880										880.00
	供水车间		440										440.00
管理费用			15 000										15000.00
销售费用			2 400										2 400.00
合计			26 820			1 440 675			4 200			7 260	1 478 955.00

(二)填制记账凭证

根据材料费用分配表填制记账凭证，如表2－6、表2－7所示。

表2－6　　记账凭证

2017年5月31日　　记字　号

摘要	总账科目	明细科目	借方科目									贷方科目								
			百	十	万	千	百	十	元	角	分	百	十	万	千	百	十	元	角	分
领用原材料	基本生产成本	甲产品		9	1	3	1	5	1	9	7									
		乙产品		5	4	6	1	8	3	0	3									
	制造费用	一车间					9	0	0	0	0									
	辅助生产成本	供电车间					8	8	0	0	0									
		供水车间					4	4	0	0	0									
合　计																				

会计主管：丁丽丽　　记账：余梦楠　　出纳：张佳佳　　复核：熊慧芬　　制单：吴尚华

表 2—7

记账凭证

2017 年 5 月 31 日　　　　记字　号

摘要	总账科目	明细科目	借方科目									贷方科目								
			百	十	万	千	百	十	元	角	分	百	十	万	千	百	十	元	角	分
领用原材料	管理费用				1	5	0	0	0	0	0									
	销售费用					2	4	0	0	0	0									
	原材料											1	4	7	8	9	5	5	0	0
合　计			1	4	7	8	9	5	5	0	0	1	4	7	8	9	5	5	0	0

会计主管：丁丽丽　　记账：余梦楠　　出纳：张佳佳　　复核：熊慧芬　　制单：吴尚华

（三）登记各成本费用明细账

根据记账凭证及相关单证登记成本费用明细账，见表 1—2 至表 1—9。

任务二　燃料费用的分配

燃料实际上也是材料，所以燃料费用的分配与原材料费用的分配程序相同。

当产品生产消耗了燃料费用，燃料费用应计入产品成本，具体处理如下：

一是在燃料费用占产品成本比重较小的情况下，产品成本明细账中不必设置“燃料及动力”成本项目，将燃料费用直接计入“直接材料”成本项目，“燃料”作为“原材料”账户的明细账户进行核算。

二是在燃料费用占产品成本比重较大的情况下，产品成本明细账中需要设置“燃料及动力”成本项目，单独反映燃料费用，同时增设“燃料”一级科目，并将燃料费用单独进行分配。

一、审核原始凭证，确定燃料耗费的受益对象

为了正确核算发出燃料的成本和产品成本中耗用的燃料费用，成本会计首先对各领退料凭证进行审核，监督其合法性、合规性。对审核无误的领退料凭证按照燃料的耗用部门或用途编制燃料发料凭证汇总表（见表 2—8），根据发料凭证汇总表编制燃料费用分配表，分别计入产品成本或期间费用。

表 2—8　　**星光厂燃料发料凭证汇总表**

领料单位	材料名称	用途	单位	数量	单价	金额
第一车间	K	甲乙产品	吨	138	700	96 600.00
供电车间	K		吨	100	700	70 000.00
合计				238		166 600.00

（一）基本生产车间耗用燃料

基本生产车间耗用的燃料主要包括：

(1)生产产品直接耗用的燃料，是基本生产车间生产产品直接耗用的，直接计入各产品基本生产成本明细账“燃料及动力”成本项目。

(2)基本生产车间一般耗用燃料，即生产车间为组织和管理生产以及保证生产能正常进行而耗用的燃料，这些燃料服务于产品生产，不直接用于产品生产，属于间接成本，计入“制造费用”明细账。

(二)辅助生产车间耗用燃料

辅助生产车间耗用燃料，是辅助生产车间生产产品或提供劳务而耗用的，可以按用途分为为生产产品或提供劳务直接耗用的和车间间接耗用的。

(1)直接用于生产辅助车间生产产品或提供劳务的，应直接计入辅助生产明细账的“燃料及动力”成本项目，辅助生产车间一般耗用的燃料计入“制造费用”明细账。

(2)辅助生产车间不对外提供产品或劳务，而且辅助生产车间规模不大，可以不设“制造费用”账户，将所耗用的燃料一并计入“辅助生产成本”明细账。

(三)行政管理部门耗用燃料

企业行政管理部门耗用的燃料，属于期间费用，冲减当期损益，不计入产品成本，计入“管理费用”明细账。

(四)销售机构耗用燃料

销售机构耗用的燃料，属于期间费用，冲减当期损益，不计入产品成本，计入“销售费用”明细账。

二、燃料费用的分配

用于产品生产的燃料，构成产品实体并能直接确定归属对象的燃料费，属于直接费用，应直接计入各产品成本明细账的“燃料及动力”成本项目。

一批燃料为几种产品共同耗用，应选择适当的分配标准分配，计入相应产品的基本生产成本明细账的“燃料及动力”成本项目。一般分配标准有产品的重量、体积、产量、定额耗用量、定额成本等。

根据表2—8，星光厂生产甲产品和乙产品，共同消耗K燃料138吨，每吨700元，共计96 600元，这些耗费无法根据发料凭证汇总表确认归属于甲产品还是乙产品，属于共同耗用，需要在甲产品和乙产品之间进行分配。本月投产甲产品120件，乙产品100件。采用产品产量比例分配法分配。

(1)计算燃料费用分配率：

K燃料耗费分配率＝96 600/(120＋100)＝439.090 9

(2)计算甲产品、乙产品应分配的B材料：

甲产品承担的燃料耗费＝120×439.090 9＝52 690.91(元)

乙产品承担的燃料耗费＝96 600－52 690.91＝43 909.09(元)

三、燃料费用分配表的编制及实务操作

(一)编制燃料费用分配表

根据审核后的燃料凭证汇总表以及产品共同耗用燃料费用的分配，编制燃料费用分配表，如表2—9所示。

表 2—9

燃料耗费分配表

应借科目		成本或费用项目	直接计入	分配计入(K)			合计
				产品产量	分配率	分配金额	
基本生产成本	甲产品	燃料及动力		120		52 690.91	52 690.91
	乙产品	燃料及动力		100		43 909.09	43 909.09
	小计			220	439.090 9	96 600	96 600.00
辅助生产成本	供电车间		70 000				70 000.00
合计							166 600.00

(二)填制记账凭证

根据燃料费用分配表填制记账凭证,如表 2—10 所示。

表 2—10

记账凭证

2017 年 5 月 31 日　　　　记字　号

摘要	总账科目	明细科目	借方科目									贷方科目								
			百	十	万	千	百	十	元	角	分	百	十	万	千	百	十	元	角	分
分配燃料	基本生产成本	甲产品			5	2	6	9	0	9	1									
		乙产品			4	3	9	0	9	0	9									
	辅助生产成本	供电车间			7	0	0	0	0	0	0									
	燃料												1	6	6	6	0	0	0	0
合　计				1	6	6	6	0	0	0	0		1	6	6	6	0	0	0	0

会计主管:丁丽丽　　记账:余梦楠　　出纳:张佳佳　　复核:熊慧芬　　制单:吴尚华

(三)登记各成本费用明细账

根据记账凭证及相关单证登记成本费用明细账,见表 1—2 至表 1—9。

任务三　外购动力耗费的分配

外购动力主要指外购的电力、热力和蒸汽等。动力费用可以分为自制和外购两种情况。外购动力是由企业外部有关单位(如供电公司、供气公司等)提供的;自制动力是由企业辅助生产单位(如供电车间、供气车间)提供的。

外购动力与外购材料类似,只是外购动力没有实物形态,企业无法像外购材料那样对其进行日常收发存核算,外购动力只能提供结算清单。

一、审核原始凭证,确定外购动力耗费的受益对象

为了正确核算产品成本中耗用的外购动力费用,成本会计首先对动力清单及结算凭证(见

表2—11)进行审核,监督其合法性、合规性。根据用电清单编制外购动力分配表,分别计入产品成本或期间费用。

表2—11 星光厂部门用电清单

用电单位	用途	用电量(千瓦时)	单价	金额
第一车间	生产用	180 000	0.80	144 000.00
第一车间	照明用	1 500	0.80	1 200.00
公司行政管理部门		3 000	0.80	2 400.00
销售部门		2 000	0.80	1 600.00
合计				149 200.00

(一)基本生产车间耗用的外购动力

基本生产车间耗用的外购动力,按用途分为直接用于产品生产的动力用电和车间的照明用电。

(1)生产产品直接耗用的动力用电,属于直接费用,计入各产品基本生产成本明细账"燃料及动力"成本项目。

(2)基本生产车间的照明用电,即生产车间为组织和管理生产以及保证生产能正常进行而耗用的电力,属于间接费用,计入"制造费用"明细账。

(二)辅助生产车间耗用动力用电

辅助生产车间耗用的外购动力,是辅助生产车间生产产品或提供劳务而耗用的,可以按用途分为为生产产品或提供劳务直接耗用的和车间间接耗用的。

(1)直接用于生产辅助车间生产产品或提供劳务的动力用电,属于直接费用,应直接计入辅助生产明细账的"燃料及动力"成本项目,辅助生产车间的照明、办公用电属于间接费用,计入"制造费用"明细账。

(2)辅助生产车间不对外提供产品或劳务,而且辅助生产车间规模不大,可以不设"制造费用"账户,将所耗用的外购动力一并计入"辅助生产成本"明细账。

(三)行政管理部门耗用外购电力

企业行政管理部门耗用的外购电力,属于期间费用,冲减当期损益,不计入产品成本,计入"管理费用"明细账。

(四)销售机构耗用外购动力

销售机构耗用的外购动力,属于期间费用,冲减当期损益,不计入产品成本,计入"销售费用"明细账。

二、外购动力费用的分配

企业各职能部门、生产车间通常都按动力用电和照明用电分别装有电表,在有仪表记录的情况下,应根据仪表所示耗电量及电费单价计算各部门的外购动力的耗费金额。但一个车间生产几种产品,一般无法按产品分别安装电表,在没有仪表记录的情况下,各产品共同耗用的外购动力可按生产工时比例、机器工时比例、定额耗电量比例等进行分配。

根据表2—11,星光厂生产甲产品和乙产品,共同耗用外购电力180 000千瓦时,电费单价0.8元,共计144 000元,这些耗费无法根据用电清单确认归属于甲产品还是乙产品,属于共同耗用，需要在甲产品和乙产品之间进行分配。甲产品机器工时 33 小时/件，乙产品机器工时 34 小时/件。采用机器工时比例分配法分配。

(1)计算甲乙产品的机器工时：

甲产品机器工时＝33×120＝3 960(小时)

乙产品机器工时＝34×100＝3 400(小时)

(2)计算外购动力耗费分配率：

外购动力耗费分配率＝144 000/(3960＋3400)＝19.565 2

(3)计算甲产品、乙产品应分配的外购动力：

甲产品承担的外购动力＝3 960×19.565 2＝77 478.19(元)

乙产品承担的外购动力＝144 000－77 478.19＝66 521.81(元)

三、外购动力分配表的编制及实务操作

(一)编制外购动力分配表

根据审核后的用电清单以及产品共同耗用外购动力费用的分配，编制外购动力分配表，如表 2—12 所示。

表 2—12 外购动力分配表

应借科目		成本或费用项目	直接计入	分配计入			合计
				机器工时	分配率	分配金额	
基本生产成本	甲产品	燃料及动力		3 960		77 478.19	77 478.19
	乙产品	燃料及动力		3 400		66 521.81	66 521.81
	小计			7 360	19.565 2	144 000.00	144 000.00
制造费用	一车间	电费	1 200				1 200.00
管理费用		电费	2 400				2 400.00
销售费用		电费	1 600				1 600.00
合计							149 200.00

(二)填制记账凭证

根据外购动力费用分配表填制记账凭证，如表 2—13 所示。

表 2—13 记账凭证

2017 年 5 月 31 日 记字 号

摘要	总账科目	明细科目	借方科目									贷方科目								
			百	十	万	千	百	十	元	角	分	百	十	万	千	百	十	元	角	分
分配外购动力	基本生产成本	甲产品			7	7	4	7	8	1	9									
		乙产品			6	6	5	2	1	8	1									
	制造费用	一车间				1	2	0	0	0	0									
	管理费用					2	4	0	0	0	0									

续表

摘要	总账科目	明细科目	借方科目									贷方科目								
			百	十	万	千	百	十	元	角	分	百	十	万	千	百	十	元	角	分
	销售费用					1	6	0	0	0	0									
	应付账款												1	4	9	2	0	0	0	0
合　计				1	4	9	2	0	0	0	0		1	4	9	2	0	0	0	0

会计主管:丁丽丽　　记账:余梦楠　　出纳:张佳佳　　复核:熊慧芬　　制单:吴尚华

(三)登记各成本费用明细账

根据记账凭证及相关单证登记成本费用明细账,见表1—2至表1—9。

任务四　薪酬费用的分配

职工薪酬是指企业为获得职工提供的服务而给予各种形式的报酬以及其他相关支出。职工薪酬主要包括:(1)短期薪酬(职工工资、奖金、津贴和补贴,职工福利费,医疗保险费、养老保险费、失业保险费、工伤保险费和生育保险费等社会保险费,住房公积金,工会经费和职工教育经费,非货币性福利,带薪缺勤,利润分享计划等);(2)离职后福利;(3)辞退福利;(4)其他长期职工福利。

职工薪酬核算包括结算和分配两个部分,劳资部门根据职工工资标准、考勤记录等原始单据,计算并编制职工薪酬结算单和职工薪酬结算汇总表。

一、审核原始凭证,确定职工薪酬耗费的受益对象

为了正确核算产品成本中耗用的职工薪酬费用,成本会计首先对职工薪酬结算单和职工薪酬结算汇总表(见表2—14)进行审核,监督其合法性、合规性。根据职工薪酬结算汇总表编制职工薪酬分配表,分别计入产品成本或期间费用。

表2—14　　**星光厂职工薪酬结算汇总表**

部门人员类别		基本工资	奖金	加班加点	应扣工资	应付薪酬	各项扣款			实发薪酬
部门名称	人员类别				缺勤		社保	住房公积金	合计	
一车间	生产工人	31 200	48 800	12 100	2 000	90 100.00	7 208.00	9 010.00	16 218.00	73 882.00
	管理人员	10 800	19 200	8 100	5 500	32 600.00	2 608.00	3 260.00	5 868.00	26 732.00
供水车间	生产工人	3 520	2 650	1 770		7 940.00	635.20	794.00	1 429.20	6 510.80
	管理人员	1 650	460	860	80	2 890.00	231.20	289.00	520.20	2 369.80
供电车间	生产工人	8 860	23 600	5 880	310	38 030.00	3 042.40	3 803.00	6 845.40	31 184.60
	管理人员	3 200	9 530	3 206	60	15 876.00	1 270.08	1 587.60	2 857.68	13 018.32
厂部人员		12 500	45 840	9 800	260	67 880.00	5 430.4	6 788.00	12 218.40	55 661.60
销售部人员		3 200	28 660	2 450		34 310.00	2 744.80	3 431.00	6 175.80	28 134.20
合计		74 930.00	178 740.00	44 166.00	8 210.00	289 626.00	23 170.08	28 962.60	52 132.68	237 493.32

(一)基本生产车间人员的职工薪酬

基本生产车间耗用的职工薪酬,按用途分为直接从事产品生产的生产工人职工薪酬和车间管理人员的职工薪酬。

(1)从事产品生产的生产工人的薪酬,属于直接费用,计入各产品基本生产成本明细账"直接人工"成本项目。

(2)基本生产车间管理人员薪酬,即生产车间为组织和管理生产的管理人员薪酬,属于间接费用,计入"制造费用"明细账。

(二)辅助生产车间人员的职工薪酬

辅助生产车间人员的职工薪酬,按用途分为直接从事产品生产的生产工人职工薪酬和车间管理人员的职工薪酬。

(1)直接从事产品生产的生产工人职工薪酬,属于直接费用,应直接计入辅助生产明细账的"直接人工"成本项目;辅助生产车间管理人员薪酬属于间接费用,计入"制造费用"明细账。

(2)辅助生产车间不对外提供产品或劳务,而且辅助生产车间规模不大,可以不设"制造费用"账户,将所耗用的职工薪酬一并计入"辅助生产成本"明细账。

(三)行政管理部门人员的职工薪酬

企业行政管理部门人员的职工薪酬,属于期间费用,冲减当期损益,不计入产品成本,计入"管理费用"明细账。

(四)销售机构人员的职工薪酬

销售机构人员的职工薪酬,属于期间费用,冲减当期损益,不计入产品成本,计入"销售费用"明细账。

二、职工薪酬费用的分配

职工薪酬具体包括计件工资、计时工资、奖金、津贴和补贴,职工福利费,医疗保险费、养老保险费、失业保险费、工伤保险费、生育保险费等社会保险费,住房公积金,工会经费、职工教育经费、非货币性福利等。

作为职工薪酬中的计件工资,是根据产量和生产工时记录的生产工人的工作量,按照事前规定的相应产品的单位工作量工资计算的。由于生产工人的工作量要分产品计算,可以直接归属于相应的产品,可以直接计入所生产产品的成本,不需要在各成本核算对象之间进行分配。

采用计时工资形式支付的薪酬,以及奖金、津贴和补贴,职工福利费,医疗保险费、养老保险费、失业保险费、工伤保险费、生育保险费等社会保险费,住房公积金,工会经费、职工教育经费、非货币性福利等,如果生产车间只生产一种产品,可以将上述薪酬费用直接计入该种产品成本;如果生产多种产品,则需要选用合理的分配标准,在各成本核算对象之间进行分配,计入相应产品的基本生产成本明细账的"直接人工"成本项目。一般分配标准有产品的生产工时、机器工时、定额工时等。

职工薪酬费用分配率=某车间生产几种产品生产工人薪酬总额/该车间产品生产工时(机器工时)总数

根据表2－14,星光厂生产甲产品和乙产品,共同耗用生产工人职工薪酬90 100元,这些耗费无法确认归属于甲产品还是乙产品,属于共同耗用,需要在甲产品和乙产品之间进行分配。甲产品工时定额35小时/件,乙产品工时定额35小时/件。采用定额工时比例分配法分配。

(1)计算甲乙产品的定额工时:

甲产品定额工时=35×120=4 200(小时)

乙产品定额工时＝35×100＝3 500(小时)

(2)计算职工薪酬耗费分配率：

职工薪酬耗费分配率＝90 100/(4 200＋3 500)＝11.701 3

(3)计算甲产品、乙产品应分配的职工薪酬：

甲产品承担的职工薪酬＝4 200×11.701 3＝49 145.46(元)

乙产品承担的职工薪酬＝90 100－49 145.46＝40 954.54(元)

三、职工薪酬费用分配表的编制及实务操作

(一)编制职工薪酬费用分配表

根据审核后的职工薪酬结算汇总表以及几种产品共同耗用人工薪酬费用的分配，编制职工薪酬费用分配表，如表 2－15 所示。

表 2－15 **职工薪酬耗费分配表**

应借科目		成本或费用项目	直接计入	分配计入			合计
				定额工时	分配率	分配金额	
基本生产成本	甲产品	直接人工		4 200		49 145.46	49 145.46
	乙产品	直接人工		3 500		40 954.54	40 954.54
	小计			7 700	11.7013	90 100.00	90 100.00
制造费用	第一车间	职工薪酬	32 600.00				32 600.00
辅助生产成本	供水车间	职工薪酬	10 830.00				10 830.00
	供电车间	职工薪酬	53 906.00				53 906.00
	小计		64 736.00				64 736.00
管理费用		职工薪酬	67 880.00				67 880.00
销售费用		职工薪酬	34 310.00				34 310.00
合计			199 526.00			90 100.00	289 626.00

(二)填制记账凭证

根据职工薪酬费用分配表填制记账凭证，如表 2－16、表 2－17 所示。

表 2－16 **记账凭证**

2017 年 5 月 31 日 记字 号

摘要	总账科目	明细科目	借方科目									贷方科目								
			百	十	万	千	百	十	元	角	分	百	十	万	千	百	十	元	角	分
分配薪酬耗费	基本生产成本	甲产品			4	9	1	4	5	4	6									
		乙产品			4	0	9	5	4	5	4									
	制造费用	一车间			3	2	6	0	0	0	0									
	辅助生产成本	供电车间			5	3	9	0	6	0	0									
		供水车间			1	0	8	3	0	0	0									
合 计																				

会计主管：丁丽丽 记账：余梦楠 出纳：张佳佳 复核：熊慧芬 制单：吴尚华

表 2—17

记账凭证

2017 年 5 月 31 日　　　　记字　号

摘要	总账科目	明细科目	借方科目									贷方科目								
			百	十	万	千	百	十	元	角	分	百	十	万	千	百	十	元	角	分
分配薪酬耗费	管理费用				6	7	8	8	0	0	0									
	销售费用				3	4	3	1	0	0	0									
	应付职工薪酬												2	8	9	6	2	6	0	0
合　计				2	8	9	6	2	6	0	0		2	8	9	6	2	6	0	0

会计主管：丁丽丽　　记账：余梦楠　　出纳：张佳佳　　复核：熊慧芬　　制单：吴尚华

(三)登记各成本费用明细账

根据记账凭证及相关单证登记成本费用明细账，见表 1—2 至表 1—9。

任务五　固定资产折旧费的分配

固定资产在长期使用过程中，虽然保持原有的实物形态，但其价值会随着使用磨损而逐渐减少。固定资产由于使用磨损而减少的价值就是固定资产折旧。折旧费是生产经营过程中的耗费，计入相关成本费用。

根据固定资产的日常核算，按照受益对象编制固定资产折旧计算表。

一、审核原始凭证，确定折旧费耗费的受益对象

为了正确核算产品成本中耗用的折旧费用，成本会计首先对折旧计算表(见表 2—18)进行审核，监督其合法性、合规性。根据折旧计算表编制折旧费用分配表，分别计入产品成本或期间费用。

表 2—18

固定资产折旧计算表

使用部门	固定资产项目	上月折旧额	上月增加固定资产		上月减少固定资产		本月折旧额
			原值	折旧额	原值	折旧额	
第一车间	厂房	3 500					3 500.00
	设备	7 800	90 000	4 500	200 000	1 000	11 300.00
	小计	11 300	90 000	4 500	200 000	1 000	14 800.00
供水车间	厂房	500					500.00
	设备	800					800.00
	小计	1 300					1 300.00
供电车间	厂房	2 800	21 000	420			3 220.00
	设备	3 100	13 000	650			3 750.00
	小计	5 900	34 000	1 070			6 970.00

续表

使用部门	固定资产项目	上月折旧额	上月增加固定资产		上月减少固定资产		本月折旧额
			原值	折旧额	原值	折旧额	
厂部	房屋	4 600	68 000	2 140			6 740.00
	办公设备	3 600	17 400	870			4 470.00
	汽车	2 600	180 000	1 800			4 400.00
	小计	10 800	265 400	4 810			15 610.00
销售部	房屋	650					650.00
	办公设备	450	5 200	260			710.00
	小计	1 100	5 200	260			1 360.00
合计							40 040.00

(一)基本生产车间耗用的固定资产折旧费

作为固定资产的厂房、设备,一般服务于几种产品的生产,不像材料费用、职工薪酬费用直接用于产品生产,因此,折旧费作为间接费用计入“制造费用”明细账。

(二)辅助生产车间耗用的固定资产折旧费

辅助生产车间耗用的折旧费,同基本生产车间一样,作为间接费用,计入“制造费用”明细账。如果辅助生产车间不对外提供产品或劳务,而且辅助生产车间规模不大,可以不设“制造费用”账户,将所耗用的折旧费一并计入“辅助生产成本”明细账。

(三)行政管理部门耗用的固定资产折旧费

企业行政管理部门耗用的折旧费,属于期间费用,冲减当期损益,不计入产品成本,计入“管理费用”明细账。

(四)销售机构耗用的固定资产折旧费

销售机构耗用的固定资产折旧费,属于期间费用,冲减当期损益,不计入产品成本,计入“销售费用”明细账。

二、折旧费分配表的编制及实务操作

(一)编制折旧费分配表

根据审核后的折旧计算表,编制折旧费分配表,如表 2—19 所示。

表 2—19 **折旧费分配表**

应借科目		成本或费用项目	金额
制造费用	第一车间	折旧费	14 800.00
辅助生产成本	供水车间	折旧费	1 300.00
	供电车间	折旧费	6 970.00
	小计		8 270.00
管理费用		折旧费	15 610.00
销售费用		折旧费	1 360.00
合计			40 040.00

（二）填制记账凭证

根据折旧费分配表填制记账凭证，如表 2—20 所示。

表 2—20　　　　　　　　　　　　　　记账凭证

2017 年 5 月 31 日　　　　　　　　　　　　　　记字　号

摘要	总账科目	明细科目	借方科目									贷方科目								
			百	十	万	千	百	十	元	角	分	百	十	万	千	百	十	元	角	分
计提折旧	制造费用	一车间			1	4	8	0	0	0	0									
	辅助生产成本	供水车间				1	3	0	0	0	0									
		供电车间				6	9	7	0	0	0									
	管理费用				1	5	6	1	0	0	0									
	销售费用					1	3	6	0	0	0									
	累计折旧													4	0	0	4	0	0	0
合　计					4	0	0	4	0	0	0			4	0	0	4	0	0	0

会计主管：丁丽丽　　记账：余梦楠　　出纳：张佳佳　　复核：熊慧芬　　制单：吴尚华

（三）登记各成本费用明细账

根据记账凭证及相关单证登记成本费用明细账，见表 1—2 至表 1—9。

任务六　其他费用的分配

企业在生产过程中发生的要素费用，除了材料、燃料、外购动力、职工薪酬、固定资产折旧以外，还包括固定资产修理费、利息、税金、差旅费、办公费、邮电费等其他支出。月末财务人员根据相关原始凭证编制其他支出明细表。

一、审核原始凭证，确定其他支出的受益对象

为了正确核算其他支出，成本会计首先对其他支出明细单（见表 2—21）进行审核，监督其合法性、合规性。根据其他支出明细单编制其他支出分配表，分别计入产品成本或期间费用。

表 2—21　　　　　　　　　　　　星光厂其他支出明细单

部门或用途	金额							合计
	差旅费	邮电费	劳保费	招待费	办公费	利息	其他	
第一车间		120	5 920		6 500		1 800	14 340.00
供水车间		60	990		890		1 154	3 094.00
供电车间		80	4 300		3 650		1 120	9 150.00
厂部	15 000	1 200		9 800	13 500			39 500.00
销售部	23 000	560			4 600			28 160.00
筹资						12 000		12 000.00
合计	38 000.00	2 020.00	11 210.00	9 800.00	29 140.00	12 000.00	4 074.00	106 244.00

（一）筹资活动产生的利息费用

筹资活动产生的利息费用，属于期间费用，冲减当期损益，计入“财务费用”明细账。

（二）企业缴纳的相关税金

企业在生产经营过程中缴纳的各种税金，不计入产品成本，计入相关成本费用账户。

（三）其他支出

企业在生产经营过程中，还会发生其他支出，如办公费、邮电费、修理费等等，凡是车间发生的计入“制造费用”明细账（按照企业会计准则的规定，除销售机构的固定资产修理费用计入销售费用外，其他所有部门包括生产部门发生的固定资产修理费用均计入管理费用）；行政管理部门发生的计入“管理费用”明细账；销售机构发生的计入“销售费用”明细账。

二、其他支出分配表的编制及实务操作

（一）编制其他支出分配表

根据审核后的其他支出明细单，编制其他支出分配表，如表 2—22 所示。

表 2—22　　**其他支出分配表**

应借科目		成本或费用项目	金额
制造费用	第一车间	办公费等	14 340.00
辅助生产成本	供水车间	办公费等	3 094.00
	供电车间	办公费等	9 150.00
	小计		12 244.00
管理费用		办公费等	39 500.00
销售费用		办公费等	28 160.00
财务费用		利息费用	12 000.00
合计			106 244.00

（二）填制记账凭证

根据其他支出分配表填制记账凭证，如表 2—23、表 2—24 所示。

表 2—23　　**记账凭证**

2016 年 11 月 15 日　　记字　号

摘要	总账科目	明细科目	借方科目									贷方科目								
			百	十	万	千	百	十	元	角	分	百	十	万	千	百	十	元	角	分
分配其他支出	制造费用	一车间			1	4	3	4	0	0	0									
	辅助生产成本	供水车间				3	0	9	4	0	0									
		供电车间				9	1	5	0	0	0									
	管理费用				3	9	5	0	0	0	0									
	销售费用				2	8	1	6	0	0	0									
合　计																				

会计主管：丁丽丽　　记账：余梦楠　　出纳：张佳佳　　复核：熊慧芬　　制单：吴尚华

表 2—24

记账凭证

2017 年 5 月 31 日　　　　记字　号

摘要	总账科目	明细科目	借方科目									贷方科目								
			百	十	万	千	百	十	元	角	分	百	十	万	千	百	十	元	角	分
分配其他支出	财务费用				1	2	0	0	0	0	0									
	银行存款												1	0	6	2	4	4	0	0
合　计				1	0	6	2	4	4	0	0		1	0	6	2	4	4	0	0

会计主管：丁丽丽　　记账：余梦楠　　出纳：张佳佳　　复核：熊慧芬　　制单：吴尚华

（三）登记各成本费用明细账

根据记账凭证及相关单证登记成本费用明细账，见表 1—2 至表 1—9。

任务七　辅助生产费用的归集与分配

工业企业的生产车间按其职能不同，分为基本生产车间和辅助生产车间。基本生产车间是指从事商品产品生产的车间；辅助生产车间是指为基本生产车间、行政管理部门、销售部门及其他辅助生产车间提供产品或劳务的车间。基本生产车间生产的产品主要是用于对外出售，辅助生产车间生产的产品或者提供的劳务主要是服务于企业内部各车间及职能部门。

辅助生产车间有两种类型，一种是只生产一种产品或提供一种劳务，称为单品种辅助生产车间，如供水、供电、供气等车间；一种是生产多种产品或提供多种劳务的车间，称为多品种辅助生产车间，如机修车间、工具模具制造车间等。

辅助生产车间提供的产品或提供的劳务主要服务于企业的基本生产和企业管理，辅助生产成本的高低，对产品成本有着直接的影响。只有在正确计算应由产品负担的辅助生产费用后，才能进行产品成本的计算。因此，正确及时地组织辅助生产成本的归集和分配核算，对于及时正确地计算产品成本有着重要意义。

辅助生产部门提供产品和劳务成本的核算，包括构成这些产品或劳务的生产费用的归集和分配两个方面。

一、　辅助生产费用的归集

各项要素费用的分配过程，也是辅助生产车间发生的各种耗费的归集过程。

根据各项要素费用分配表，登记“辅助生产成本”明细账，辅助生产成本的成本项目，根据企业自身的生产特点和管理上的要求设置，包括机物料消耗、职工薪酬、折旧费、租赁费、保险费、水电费等等。见表 1—4、表 1—5。

二、辅助生产费用的分配

企业的辅助生产车间是为基本生产车间和其他部门服务的，因此其发生的耗费应由各受益部门承担。

（一）基本生产车间耗用的辅助生产费用

基本生产车间产品耗用的辅助生产费用，属于直接费用，直接计入各产品的“基本生产成本”明细账户。

基本生产车间一般耗用的辅助生产费用，属于间接费用，计入“制造费用”明细账户。

（二）辅助生产车间耗用的辅助生产费用

辅助生产车间除了为基本生产车间及其他部门提供劳务以外，有时也会为内部的其他辅助生产车间提供产品和劳务，其他辅助生产车间耗用的辅助生产费用由其他辅助生产车间承担，计入其他辅助车间的“辅助生产成本”明细账。

（三）行政管理部门耗用的辅助生产费用

企业行政管理部门耗用的辅助生产费用，属于期间费用，冲减当期损益，不计入产品成本，计入“管理费用”明细账。

（四）销售机构耗用的辅助生产费用

销售机构耗用的辅助生产费用，属于期间费用，冲减当期损益，不计入产品成本，计入“销售费用”明细账。

具体的分配方法如下：

1. 直接分配法

直接分配法是将各辅助生产成本明细账中归集的辅助生产费用总额，不考虑各辅助生产车间之间相互提供产品或劳务，直接分配给辅助生产部门以外的其他受益对象。

直接分配法的特点是：辅助生产成本只对外分配，不对内分配。

某辅助生产车间辅助生产费用分配率＝该辅助生产车间归集的费用总额/(该辅助生产提供的产品或劳务总量－其他辅助车间耗用的产品或劳务量)

某受益对象应负担的辅助生产费用＝该受益对象耗用的产品或劳务量×辅助生产费用分配率

根据表2－25，供电和供水两个辅助生产车间为基本生产车间、管理部门、销售部门等提供产品。两车间分别发生耗费为140 906元和15 664元。采用直接分配法分配辅助生产成本，编制辅助生产费用分配表，如表2－26、表2－27、表2－28所示。

表2－25 辅助生产车间产品或劳务供应情况表

接受产品、劳务部门		供水车间(立方米)	供电车间(千瓦时)
第一车间	生产耗用	92 600	223 800
	一般耗用	100	1 000
供电车间	生产及一般耗用	9 000	—
供水车间	生产及一般耗用	—	3 000
合计		101 700	227 800

(1)计算分配率：

供水车间分配率＝15 664/(101 700－9 000)＝0.169 0

供电车间分配率＝140 906/(227 800－3 000)＝0.626 8

(2)计算各受益对象所承担的水电费：

第一车间产品应承担的水费＝92 600×0.169 0＝15 649.40(元)

第一车间一般耗用应承担的水费＝15 664.00－15 649.4＝14.60(元)

第一车间产品应承担的电费＝223 800×0.626 8＝140 277.84(元)

第一车间一般耗用应承担的水费＝140 906.00－140 277.84＝628.16(元)

表 2—26　　辅助生产费用分配表(直接分配法)

应借科目		成本或费用项目	供水车间			供电车间		
			耗用量(立方米)	分配率	分配额	耗用量(千瓦时)	分配率	分配额
基本生产成本	甲乙产品耗用		92 600		15 649.40	223 800		140 277.84
制造费用	一般耗用	水费/电费	100		14.60	1 000		628.16
合计			92 700	0.1690	15 664.00	224 800	0.626 8	140 906.00

表 2—27　　第一车间产品耗用水费分配表

应借科目		产品产量	分配率	分配金额
基本生产成本	甲产品	120 件		8 536.03
	乙产品	100 件		7 113.37
合计		220	71.1336	15 649.40

表 2—28　　第一车间产品耗用电费分配表

应借科目		定额工时	分配率	分配金额
基本生产成本	甲产品	4 200		76 515.18
	乙产品	3 500		63 762.66
合计		7 700	18.2179	140 277.84

采用直接分配法，由于不考虑辅助生产车间之间的分配，只是对外分配，计算比较简单。但在各辅助生产车间之间提供产品或劳务耗用量较大时，分配结果不准确。因此，该方法只适合用于辅助生产车间相互之间没有提供产品或劳务，或者提供产品劳务的数量较少的企业。

2. 交互分配法

交互分配法又称为一次交互分配法，是指现将辅助生产费用在辅助生产车间之间进行交互分配，然后将各辅助生产车间交互分配后的费用分配给辅助生产车间以外的各受益对象。

交互分配法需分两次进行。

第一次交互分配，又称对内分配，是指辅助生产车间之间的分配。

某辅助生产车间辅助生产费用交互分配率＝该辅助生产车间归集的费用总额/该辅助生产提供的产品或劳务总量

某辅助生产车间应承担的辅助生产费用＝该辅助生产车间耗用的产品或劳务量×该辅助生产车间费用交互分配率

某辅助生产车间交互分配后的费用＝该车间交互分配前归集的费用总额
＋交互分配转入的费用—交互分配转出的费用

第二次对外分配，即将交互分配后的费用分配给辅助生产车间以外的受益对象。

某辅助生产车间辅助生产费用对外分配率＝该辅助生产车间交互分配后的费用总额
/该辅助生产车间对外提供的产品或劳务总量

某外部受益对象应承担的辅助生产费用＝该受益对象耗用的产品或劳务量
×该辅助生产车间费用对外分配率

根据表2—25，供电和供水两个辅助生产车间为基本生产车间、管理部门、销售部门等提供产品。两车间分别发生耗费为140 906元和15 664元。采用交互分配法分配辅助生产成本，编制辅助生产费用分配表，如表2—29、表2—30、表2—31所示。

(1)对内交互分配：

第一，计算交互分配率。

供水车间交互分配率＝15 664/101 700＝0.1540

供电车间交互分配率＝140906/227800＝0.6186

第二，计算交互分配额。

供水车间承担的电费＝3 000×0.6186＝1 855.80(元)

供电车间承担的水费＝9 000×0.1540＝1 386.00(元)

第三，计算交互分配后各辅助生产车间的费用总额。

供水车间交互分配后的费用总额＝15 664＋1 855.80－1 386.00＝16 133.80(元)

供电车间交互分配后的费用总额＝140 906＋1 386.00－1 855.80＝140 436.20(元)

(2)对内分配：

第一，计算对外分配率。

供水车间对外分配率＝16133.80/101700－9 000＝0.174 0

供电车间对外分配率＝140436.20/227800－3 000＝0.624 7

第二，计算各受益对象所承担的水电费。

第一车间产品应承担的水费＝92 600×0.1740＝16 112.40(元)

第一车间一般耗用应承担的水费＝16 133.80－16 112.40＝21.40(元)

第一车间产品应承担的电费＝223 800×0.6247＝139 807.86(元)

第一车间一般耗用应承担的水费＝140 436.20－139 807.86＝628.34(元)

表2—29　　**辅助生产费用分配表(交互分配法)**

应借科目			成本或费用项目	供水车间(水费) 耗用量(立方米)	供水车间(水费) 分配率	供水车间(水费) 金额	供电车间(电费) 耗用量(千瓦时)	供电车间(电费) 分配率	供电车间(电费) 金额	合计
交互分配前的费用						15 664.00			140 906	
交互分配	辅助生产成本	供水车间					3 000	0.6186	1 855.80	
交互分配	辅助生产成本	供电车间		9 000	0.1540	1 386.00				
交互分配	交互分配后费用					16 133.80			140 436.20	

续表

应借科目			成本或费用项目	供水车间(水费)			供电车间(电费)			合计
				耗用量(立方米)	分配率	金额	耗用量(千瓦时)	分配率	金额	
对外分配	基本生产成本	甲乙产品耗用		92 600		16 112.40	223 800		139 807.86	
	制造费用	车间一般耗用		100		21.40	1 000		628.34	
	小计			92 700	0.1740	16 133.80	224 800	0.624 7	140 436.20	

表 2—30　　**第一车间产品耗用水费分配表**

应借科目		产品产量	分配率	分配金额
基本生产成本	甲产品	120		8 788.58
	乙产品	100		7 323.82
合计		220	73.238 2	16 112.40

表 2—31　　**第一车间产品耗用电费分配表**

应借科目		定额工时	分配率	分配金额
基本生产成本	甲产品	4 200		76 258.98
	乙产品	3 500		63 548.88
合计		7 700	18.1569	139 807.86

采用交互分配法考虑了辅助生产车间之间提供产品或劳务的情况，辅助生产车间相互之间承担了费用，提高了分配结果的正确性。但是，该方法进行两次分配，增加了核算工作量。该方法适用于各辅助生产车间相互提供产品或劳务较多的企业，但企业如果辅助生产车间太多则不宜采用此法。

3. 计划成本分配法

计划成本分配法是指将各辅助生产车间的费用按照其计划单位成本在各受益对象(包括辅助生产车间)之间分配，再对实际生产费用与分配转出的计划成本之间的差额进行调整的一种方法。

计划成本法分两步进行：

第一，按各受益对象(包括其他辅助生产车间)耗用产品或劳务的数量和计划单位成本进行分配。

某受益对象承担的辅助生产费用＝该受益对象消耗的产品或劳务量×辅助生产计划单位成本

第二，计算各辅助生产车间实际生产费用以及与分配转出的计划成本的差额，并对差额进行调整。

某辅助生产车间实际生产费用＝该辅助生产车间计划成本分配前已归集的生产费用
＋该车间转入的辅助生产费用

某辅助生产车间的成本差异＝该辅助生产车间实际生产费用
－该车间按计划成本分配转出的辅助生产费用

差异为正数，说明是超支差；差异为负数，说明是节约差。

对按计划成本计算的分配转出额与实际生产费用之间的差额，可以追加分配给辅助生产车间以外的各受益对象，但为了简化核算，也可以不再分配，将差异全部计入“管理费用”账户。

根据表 2—25，供电和供水两个辅助生产车间为基本生产车间、管理部门、销售部门等提供产品。两车间分别发生耗费为140 906元和15 664元。假设每度电的计划单位成本为 0.60 元；每吨水的计划单位为 0.20 元。采用计划成本分配法分配辅助生产成本，编制辅助生产费用表如表 2—32、表 2—33、表 2—34 所示。

第一，按计划单位成本分配转出。

(1)供水车间按计划成本分配转出：

供电车间应承担的水费＝9 000×0.20＝1 800(元)

第一车间甲乙产品应承担的水费＝92 600×0.2＝18 520(元)

第一车间一般耗用应承担的水费＝100×0.2＝20(元)

供水车间按计划成本转出 20 340 元。

(2)供电车间按计划成本分配转出：

供水车间应承担的电费＝3 000×0.60＝1 800(元)

第一车间甲乙产品应承担的电费＝223 800×0.6＝134 280(元)

第一车间一般耗用应承担的电费＝1 000×0.6＝600(元)

供电车间按计划成本转出136 680元。

第二，计算辅助生产成本差异额。

(1)计算供水车间的差异额：

供水车间实际生产费用＝15 664＋1 800＝17 464(元)

供水车间的差异额＝17 464－20 340＝－2 876(元)

(2)计算供电车间的差异额：

供电车间实际生产费用＝140 906＋1 800＝142 706(元)

供电车间的差异额＝142 706－136 680＝6 026(元)

表 2—32　　辅助生产费用分配表(计划成本分配法)

应借科目		成本或费用项目	供水车间			供电车间			合计
			耗用量(立方米)	计划单位成本	金额	耗用量(千瓦时)	计划单位成本	金额	
计划成本分配前费用					15 664.00			140 906.00	156 570.00
辅助生产成本	供电车间		9 000		1 800.00				1 800.00
	供水车间					3 000		1 800.00	1 800.00
基本生产成本	甲乙产品耗用		92 600	0.20 元	18 520.00	223 800	0.60 元	134 280.00	152 800.00
制造费用	车间一般耗用		100		20.00	1 000		600.00	620.00

续表

应借科目	成本或费用项目	供水车间			供电车间			合计
		耗用量（立方米）	计划单位成本	金额	耗用量（千瓦时）	计划单位成本	金额	
按计划成本转出费用合计				20 340.00			136 680.00	157 020.00
辅助生产实际生产费用				17 464.00			142 706.00	160 170.00
辅助生产成本差异				−2 876			6 026	3 150.00

表 2—33　　第一车间产品耗用水费分配表

应借科目		产品产量	分配率	分配金额
基本生产成本	甲产品	120		10 101.82
	乙产品	100		8 418.18
合计		220	84.1818	18 520.00

表 2—34　　第一车间产品耗用电费分配表

应借科目		定额工时	分配率	分配金额
基本生产成本	甲产品	4 200		73 243.80
	乙产品	3 500		61 036.2
合计		7 700	17.4390	134 280.00

采用计划成本分配法，按事先制定的计划单位成本进行分配，简化和加速了计算分配工作；通过计划成本和实际成本的比较，能反映和考核辅助生产成本计划的执行情况，有利于明确企业各单位的经济责任。但是采用这种方法，必须准确制定计划单位成本，否则会影响分配结果的准确性。

4. 代数分配法

代数分配法是指运用代数中联立多元一次方程的原理进行辅助生产费用分配的方法。

代数分配法的分配步骤如下：

第一，将辅助生产车间生产的产品或劳务的单位成本设为未知数，并根据各辅助生产车间之间相互提供的产品或劳务数量，建立并求解联立方程，计算出各辅助生产车间提供产品或劳务的单位成本。

第二，根据各受益对象（包括辅助生产车间）耗用的数量和计算的单位成本分配辅助生产费用。

根据表 2—25，供电和供水两个辅助生产车间为基本生产车间、管理部门、销售部门等提供产品。两车间分别发生耗费为140 906元和15 664元。采用代数分配法分配辅助生产成本，编制辅助生产费用分配表，如表 2—35 所示。

第一，将辅助生产车间生产的产品或劳务的单位成本设为未知数。

设供电车间电的实际单位成本为 X 元，供水车间水的实际单位成本为 Y 元。

第二，设立联立方程式。

某辅助生产车间发生的费用总额为提供的产品或劳务数量乘以单位成本，应该等于该辅助生产车间已经归集的辅助生产费用加上其他辅助生产车间转入的辅助生产费用，根据这种关系，可以建立联立方程式：

140 906＋9 000Y＝227 800X

15 664＋3 000X＝101 700Y

解方程组得 X＝0.625 4，Y＝0.172 5

第三，计算各受益对象应承担的辅助生产费用。

供电车间应承担的水费＝9 000×0.172 5＝1 552.50(元)

第一车间产品应承担的水费＝92 600×0.172 5＝15 973.50(元)

第一车间一般耗用应承担的水费＝101 700×0.172 5－1 552.50－15 973.5＝17.25(元)

供水车间应承担的电费＝3 000×0.625 4＝1 876.20(元)

第一车间产品应承担的电费＝223 800×0.625 4＝139 964.52(元)

第一车间一般耗用应承担的电费＝227 800×0.625 4—1 876.20—139 964.52＝625.40(元)

根据计算结果，编制辅助生产成本分配表，如表 2—35 所示。

表 2—35　　辅助生产费用分配表(代数分配法)

应借科目		成本或费用项目	供水车间			供电车间			合计
			耗用量(立方米)	单位成本	金额	耗用量(千瓦时)	单位成本	金额	
辅助生产成本	供水车间			0.172 5		3 000	0.6254	1 876.20	1 876.20
	供电车间		9 000		1 552.50				1 552.50
基本生产成本	甲乙产品耗用		92 600		15 973.50	223 800		139 964.52	155 938.02
制造费用	车间一般耗用		100		17.25	1 000		625.40	642.65
合计			101 700		17 543.25	227 800		142 466.12	160 009.37

采用代数分配法，其优点是分配结果准确，但在企业辅助生产车间较多时，联立方程太多，计算工作比较复杂。该方法适用于已实现电算化的企业。

三、辅助生产费用分配表的编制及实务操作

(一)归集辅助生产费用

根据前面归集分配的各种要素费用分配表以及编制的记账凭证，据以登记各“辅助生产成本”明细账。

(二)编制辅助生产费用分配表

将归集的辅助生产费用根据企业生产特点，选择适当的方法分配辅助生产费用，编制辅助生产费用分配表(星光厂根据自身特点，选用计划成本分配法分配)。

（三）填制记账凭证

根据辅助生产费用分配表（表 2－32、表 2－33、表 2－34）填制记账凭证，如表 2－36、表 2－37、表 2－38 所示。

表 2－36

记账凭证

2017 年 5 月 31 日　　　　记字　号

摘要	总账科目	明细科目	借方科目									贷方科目								
			百	十	万	千	百	十	元	角	分	百	十	万	千	百	十	元	角	分
分配水费	辅助生产成本	供电车间				1	8	0	0	0	0									
	基本生产成本	甲产品			1	0	1	0	1	8	2									
		乙产品				8	4	1	8	1	8									
	制造费用	一车间						2	0	0	0									
	辅助生产成本	供水车间												2	0	3	4	0	0	0
合　计					2	0	3	4	0	0	0			2	0	3	4	0	0	0

会计主管：丁丽丽　　记账：余梦楠　　出纳：张佳佳　　复核：熊慧芬　　制单：吴尚华

表 2－37

记账凭证

2016 年 5 月 31 日　　　　记字　号

摘要	总账科目	明细科目	借方科目									贷方科目								
			百	十	万	千	百	十	元	角	分	百	十	万	千	百	十	元	角	分
分配电费	辅助生产成本	供水车间				1	8	0	0	0	0									
	基本生产成本	甲产品			7	3	2	4	3	8	0									
		乙产品			6	1	0	3	6	2	0									
	制造费用	一车间					6	0	0	0	0									
	辅助生产成本	供电车间											1	3	6	6	8	0	0	0
合　计				1	3	6	6	8	0	0	0		1	3	6	6	8	0	0	0

会计主管：丁丽丽　　记账：余梦楠　　出纳：张佳佳　　复核：熊慧芬　　制单：吴尚华

表 2－38

记账凭证

2017 年 5 月 31 日　　　　记字　号

摘要	总账科目	明细科目	借方科目									贷方科目								
			百	十	万	千	百	十	元	角	分	百	十	万	千	百	十	元	角	分
结转差异	辅助生产成本	供水车间				2	8	7	6	0	0									
	管理费用					3	1	5	0	0	0									
	辅助生产成本	供电车间													6	0	2	6	0	0
合　计						6	0	2	6	0	0				6	0	2	6	0	0

会计主管：丁丽丽　　记账：余梦楠　　出纳：张佳佳　　复核：熊慧芬　　制单：吴尚华

(三)登记各成本费用明细账

根据记账凭证及相关单证登记成本费用明细账,见表1—2至表1—9。

任务八 制造费用的归集与分配

制造费用是指企业生产部门为生产产品或提供劳务而发生,应当计入产品成本,但没有专设成本项目的各项生产费用的总称。它包括:(1)直接用于产品生产,但管理上不要求或核算上不便于单独核算,因而没有专设成本项目的生产费用,如机器设备的折旧费、租赁费和保险费,生产工具的摊销,试验检验费,以及没有专设成本项目的生产工艺动力等;(2)间接用于产品生产的生产费用,如机物料消耗,车间厂房的折旧费、租赁费等,车间生产用的照明费、取暖费、劳动保护费,以及季节性停工损失等;(3)生产部门用于组织和管理生产的生产费用,如车间管理人员职工薪酬、车间的办公费等。

一、制造费用的归集

各项要素费用的分配过程,也是制造费用的归集过程。

根据各项要素费用分配表,登记"制造费用"明细账。制造费用成本项目,根据企业自身的生产特点和管理上的要求设置,包括机物料消耗、职工薪酬、折旧费、租赁费、保险费、水电费等等。制造费用的内容很多,为简化制造费用的核算工作,通常将相同性质的耗费合并设置相应的成本项目。见表1—6。

二、制造费用的分配

企业产品成本核算制度规定,工业企业发生的制造费用,应当按照合理的分配标准分配计入各成本核算对象的成本。

如果企业只生产一种产品,则制造费用不需要分配,直接转入该种产品的"基本生产成本"账户。如果企业一个车间同时生产几种产品,则需要按照一定的标准进行分配结转。

制造费用的分配方式如下:

1. 生产工时比例法

生产工时比例法是按照各种产品生产所用实际工时的比例分配制造费用的方法。

制造费用分配率=归集的制造费用总额/各产品所用生产工时之和

某产品应承担的制造费用=该产品所用生产工时×制造费用分配率

根据表1—6,星光厂第一车间为生产甲乙两种产品,共发生制造费用64 460元。甲产品的生产工时为35小时/件,乙产品的生产工时为34.8小时/件,甲产品投产120件,乙产品投产100件。采用生产工时比例法计算甲产品、乙产品应当承担的制造费用。

第一,计算甲乙产品的生产工时:

甲产品生产工时=35×120=4 200(小时)

乙产品生产工时=34.8×100=3 480(小时)

第二,计算制造费用分配率:

制造费用分配率=64 460/(4 200+3 480)=8.393

第三,计算甲乙产品应承担的制造费用:

甲产品应承担的制造费用=4 200×8.393=35 250.60(元)

乙产品应承担的制造费用=64 460-35 250.6=29 209.40(元)

根据计算结果,编制制造费用分配表,如表2-39所示。

表2-39　制造费用分配表(生产工时比例法)

应借科目		成本或费用项目	生产工时	分配率	金额
基本生产成本	甲产品	制造费用	4 200		35 250.60
基本生产成本	乙产品	制造费用	3 480		29 209.40
合计			7 680	8.393	64 460.00

生产工时比例法将劳动生产率与制造费用联系起来,分配结果比较合理。该方法适用于生产工时记录完善,且各产品机械化程度差不多的车间。

2. 直接人工比例法

直接人工比例法是按照计入各种产品成本的生产工人的人工工资的比例分配制造费用的方法。

制造费用分配率=归集的制造费用总额/各产品生产工人人工总额

某产品应承担的制造费用=该产品生产工人的直接人工×制造费用分配率

根据表1-6,星光厂第一车间为生产甲乙两种产品,共发生制造费用64 460元。甲产品的生产工人直接人工费用为49 145.46元,乙产品的生产工人直接人工费用为40 954.54元。采用直接人工比例法计算甲产品、乙产品应当承担的制造费用。

第一,计算制造费用分配率:

制造费用分配率=64 460/(49 145.46+40 954.54)=0.715 4

第二,计算甲乙产品应承担的制造费用:

甲产品应承担的制造费用=49 145.46×0.7154=35 158.66(元)

乙产品应承担的制造费用=64 460-35 158.66=29 301.34(元)

根据计算结果,编制制造费用分配表,如表2-40所示。

表2-40　制造费用分配表(直接人工比例法)

应借科目		成本或费用项目	生产工人直接人工	分配率	金额
基本生产成本	甲产品	制造费用	49 145.46		35 158.66
基本生产成本	乙产品	制造费用	40 954.54		29 301.34
合计			90 100.00	0.715 4	64 460.00

直接人工比例法计算简单,工资数据容易取得。该方法适用于机械化程度较低,或各产品机械化程度差不多的车间。

3. 机器工时比例法

机器工时比例法是按照各种产品生产所耗用机器设备运转时间的比例分配制造费用的方法。

制造费用分配率=归集的制造费用总额/各产品所用机器工时之和

某产品应承担的制造费用=该产品所用机器工时×制造费用分配率

根据表1—6,星光厂第一车间为生产甲乙两种产品,共发生制造费用64 460元。甲产品的机器工时为33小时/件,乙产品的机器工时为34小时/件,甲产品投产120件,乙产品投产100件。采用机器工时比例法计算甲产品、乙产品应当承担的制造费用。

第一,计算甲乙产品的机器工时:

甲产品机器工时=33×120=3 960(小时)

乙产品生产工时=34×100=3 400(小时)

第二,计算制造费用分配率:

制造费用分配率=64 460/(3 960+3 400)=8.758

第三,计算甲乙产品应承担的制造费用:

甲产品应承担的制造费用=3 960×8.758=34 681.68(元)

乙产品应承担的制造费用=64 460—34 681.68=29 778.32(元)

根据计算结果,编制制造费用分配表,如表2—41所示。

表2—41　　制造费用分配表(机器工时比例法)

应借科目		成本或费用项目	机器工时	分配率	金额
基本生产成本	甲产品	制造费用	3 960		34 681.68
基本生产成本	乙产品	制造费用	3 400		29 778.32
合计			7 360	8.758	64 460.00

机器工时比例法计算比较简单,主要适用于机械化程度较高的车间。

4. 年度计划分配率分配法

年度计划分配率分配法是指无论各月实际发生的制造费用为多少,每个月各产品应分担的制造费用均按年初确定的年度计划分配率计算分配制造费用的方法。

年度计划分配率=全年制造费用计划总额/全年各产品计划产量定额工时之和

某月某种产品应承担的制造费用=该月该产品实际产量的定额工时×年度计划分配率

该方法,月末制造费用的分配转出额与本月实际发生额可能会不一致,从而导致"制造费用"账户可能有余额。为了简化核算,年内不处理"制造费用"账户的余额,累计到年终时一并调整计入12月份产品的成本中。

某企业某车间生产W产品和H产品。2017年7月份W产品实际产量为200件,H产品实际产量100件;全年计划产量W产品为1 800件,H产品为1 200件。W产品的工时定额为5小时/件,H产品的工时定额为4小时/件。该月该车间实际发生的制造费用为4 480元。该企业全年计划制造费用为62 100元。

(1)计算W、H产品年度计划产量的定额工时:

W产品的定额工时=5×1 800=9 000(小时)

H产品的定额工时=4×1 200=4 800(小时)

(2)计算年度计划分配率:

年度计划分配率=62 100/(9 000+4 800)=4.5(元/小时)

(3)计算W、H产品本月应承担的制造费用:

W产品应承担的制造费用=200×5×4.5=4 500(元)

H 产品应承担的制造费用＝100×4×4.5＝1 800(元)

本月制造费用实际为4 480元，按年度计划分配率分配法分配转出的数额为6 300元，为“制造费用”账户的贷方余额。本月暂不做处理，待 12 月份若“制造费用”账户还有余额，再将余额分配转入 12 月份的产品成本。

采用年度计划分配率分配法，每月均采用年度计划分配率进行分配，不但简化了分配手续，而且便于考核制造费用计划的执行情况，有利于对制造费用的控制。该方法适用于计划制定比较准确的季节性生产企业。

三、制造费用分配表的编制及实务操作

(一)归集制造费用

根据前面归集分配的各种要素费用分配表以及编制的记账凭证，据以登记各“制造费用”明细账。

(二)编制制造费用分配表

将归集的制造费用根据企业生产特点，选择适当的方法分配制造费用，编制制造费用分配表(星光厂根据自身特点，选用生产工时比例法分配)。

(二)填制记账凭证

根据制造费用分配表(表 2—39)填制记账凭证，如表 2—42 所示。

表 2—42　　　　**记账凭证**

2017 年 5 月 31 日　　　　记字　号

摘要	总账科目	明细科目	借方科目									贷方科目								
			百	十	万	千	百	十	元	角	分	百	十	万	千	百	十	元	角	分
分配制造费用	基本生产成本	甲产品			3	5	2	5	0	6	0									
		乙产品			2	9	2	0	9	4	0									
	制造费用	一车间												6	4	4	6	0	0	0
合　计					6	4	4	6	0	0	0			6	4	4	6	0	0	0

会计主管：丁丽丽　　记账：余梦楠　　出纳：张佳佳　　复核：熊慧芬　　制单：吴尚华

(三)登记各成本费用明细账

根据记账凭证及相关单证登记成本费用明细账，见表 1—2 至表 1—9。

任务九　损失性费用的核算

损失性费用是由于企业生产组织不合理、生产工人违反技术操作、企业管理层经营管理不善以及自然灾害、资产减值等造成的人力、物力、财力上的损失。主要包括废品损失、停工损失、坏账损失、投资损失等。在生产过程中制造的产品质量不符合规定的技术标准而产生的损

失，即废品损失；在生产过程中由于机器设备故障及季节性和修理期间的停工而产生的损失，即停工损失。由于废品损失和停工损失都与产品生产直接相关，是构成产品成本的组成部分，因此企业应当核算废品损失和停工损失以确保产品成本的正确核算。在此主要介绍废品损失。

废品是指不符合规定的技术标准，不能按照原定的用途使用，或者需要加工修复后才能使用的在产品、半成品或产成品，包括生产过程中发现的废品和入库后发现的由于生产加工造成的废品。

废品按能否修复分为可修复废品和不可修复废品。可修复废品是指技术上可以修复而且所花费的修复费用在经济上合理的废品；不可修复废品是指技术上不可修复或者修复费用在经济上不合理的废品。

经检验部门鉴定不需要返修而可以降价出售的不合格品，其成本与合格品相同，售价低于合格品售价所产生的损失，在销售损益中体现；产品入库后由于保管不善等原因而损坏变质的损失，应作为管理费用处理。

废品损失是指不可修复废品所耗用的生产费用以及可修复废品的修复费用，扣除废品残料价值和应收赔偿价值以后的损失。

一、可修复废品损失的归集与分配

可修复废品损失是指对于可修复的废品在修复过程中所发生的各项修复费用（包括修复期间发生的直接材料、直接人工和应分摊的制造费用等），扣除回收的残料价值和应收赔款以后的净损失。

某企业在产品质量检验中，发现 5 件产品出现不同程度的质量问题。上述废品经技术部门鉴定均为可修复废品且修复费用较少，确认为可修复废品。修复该产品实际耗用材料 500 元，实际耗用工时 100 小时，小时人工费用 8 元，小时制造费用 3 元。修复过程中收回残料（已入库）20 元，应由废品责任人王军赔偿 100 元。

（1）通过“废品损失”账户归集修复成本。编制会计分录：

借：废品损失——某产品	1600	
贷：原材料——A 材料		500
应付职工薪酬		800
制造费用		300

（2）结转残料及责任人赔款。编制会计分录：

借：原材料	20	
其他应收款——王军	100	
贷：废品损失——某产品		120

（3）计算并分配废品净损失：

废品净损失＝1 600－120＝1 480（元）

编制会计分录：

借：基本生产成本——某产品	1 480	
贷：废品损失——某产品		1 480

二、不可修复废品损失的归集与分配

不可修复废品损失是指不可修复的废品的生产成本，扣除回收的残料价值和应收赔款以后的净损失。

不可修复废品的成本与同种合格产品的产品成本是同时发生的，并已归集计入该种产品的成本明细账中，为了归集和分配不可修复废品损失，必须先计算废品的成本。

不可修复废品的生产成本，可按废品所耗实际费用计算，也可按废品所耗定额耗费计算。

按所耗实际费用计算废品损失，就是在废品报废时根据废品与合格品发生的实际耗费，采用一定的分配方法，在废品与合格品之间进行分配，计算出废品的实际成本。这种方法符合实际，但核算的工作量较大，且须等"基本生产成本"实际生产费用汇总以后才能计算。

按废品所耗定额费用计算废品损失，就是按不可修复废品的数量和各项费用定额计算废品的定额成本，再将废品的定额成本扣除回收的残料价值和应收赔款计算废品损失。

星光厂在产品质量检验中，发现3件乙产品出现不同程度的质量问题。上述废品经技术部门鉴定均为不可修复废品，应予报废。废品的直接材料成本定额为5 400元，废品工时定额为35小时，每小时定额直接人工10元，每小时定额制造费用为8元。废品残料回收价值(已入库)300元，应由废品责任人王军赔偿1 000元。

(1)计算并结转不可修复废品的生产成本：

废品的直接材料定额成本＝5 400×3＝16 200(元)

废品的直接人工定额成本＝10×35×3＝1 050(元)

废品的制造费用定额成本＝8×35×3＝840(元)

编制会计分录：

借:废品损失——乙产品	18 090	
贷:基本生产成本——乙产品		18 090

(2)结转残料及责任人赔款。编制会计分录：

借:原材料	300	
其他应收款——王军	1 000	
贷:废品损失——乙产品		1 300

(3)计算并分配废品净损失：

废品净损失＝18 090－1 300＝16 790(元)

编制会计分录：

借:基本生产成本——乙产品	16 790	
贷:废品损失——乙产品		16 790

三、废品损失分配表的编制及实务操作

(一)归集可修复废品损失

根据修复废品领用材料、耗用人工等相关耗费的相关原始凭证填制记账凭证，据以登记各"废品损失"明细账。

(二)编制"废品损失计算表"，归集不可修复废品损失

废品损失计算表如表2－43所示。

表 2—43

废品损失计算表

项目	数量(件)	直接材料	工时定额	直接人工	制造费用	合计
成本定额	3	5 400	35	10 元/小时	8 元/小时	
废品定额成本		16 200	105	1 050	840	18 090

根据废品损失计算表及其他相关原始凭证编制记账凭证，据以登记“废品损失”明细账。

（三）编制废品损失分配表，填制记账凭证

废品损失分配表如表 2—44 所示，记账凭证如表 2—45 所示。

表 2—44

废品损失分配表

应借科目		成本或费用项目	金额
废品损失	乙产品	废品损失	16 790.00
合计			16 790.00

表 2—45

记账凭证

2017 年 5 月 31 日　　　　记字　号

摘要	总账科目	明细科目	借方科目									贷方科目								
			百	十	万	千	百	十	元	角	分	百	十	万	千	百	十	元	角	分
结转废品损失	基本生产成本	乙产品			1	6	7	9	0	0	0									
	废品损失	乙产品												1	6	7	9	0	0	0
合　计					1	6	7	9	0	0	0			1	6	7	9	0	0	0

会计主管：丁丽丽　　记账：余梦楠　　出纳：张佳佳　　复核：熊慧芬　　制单：吴尚华

（四）登记各成本费用明细账

根据记账凭证及相关单证登记成本费用明细账。见表 1—2 至表 1—9。

任务十　完工产品成本的计算与结转

企业在产品生产过程中发生的各种耗费通过归集和分配以后，对构成产品成本的各种耗费，已经通过“基本生产成本”账户明细账按成本项目予以反映。这些耗费并不一定就是完工产品成本，完工产品的成本应当根据其生产的完工情况具体确定。如果本期生产的产品全部完工，没有期末在产品，那么“基本生产成本”明细账户归集的生产成本不需要分配，全部构成完工产品成本；如果本期生产的产品全部未完工，期末都是在产品，那么“基本生产成本”明细账户归集的生产成本也不需要分配，全部作为期末在产品成本；如果期末既有完工产品，又有在产品，那么“基本生产成本”明细账户归集的生产成本，就必须采用适当的分配方法，在完工产品和月末在产品之间进行分配。

一、基本生产费用的归集

各项要素费用和综合性费用的分配过程，也是基本生产成本的归集过程。根据各种耗费分配表及记账凭证登记“基本生产成本”明细账户。

二、生产费用在完工产品和期末在产品之间分配

在期末既有在产品又有完工产品的情况下，企业需要将归集在“基本生产成本”明细账的本期耗用的生产费用加上期初在产品的成本，在期末完工产品和期末在产品之间进行分配。本月生产费用、本月完工产品成本、月初在产品成本、月末在产品成本四者之间的关系，可用下列公式表示：

期初在产品成本＋本期发生的生产费用＝期末完工产品成本＋期末在产品成本

企业应当根据在产品数量的多少、各期在产品数量变化的大小、各项成本项目比重大小，以及定额管理基础的好坏等具体条件，采用适当的分配方法将直接材料、直接人工、制造费用等生产成本在完工产品和在产品之间进行分配。

常用的分配方法如下：

(一)约当产量法

约当产量，是指在产品的数量按其完工程度折合为完成产品的数量。

约当产量法是将月末在产品数量按照完工程度折算为约当产量，然后按照期末完工产品的产量与月末在产品约当产量的比例分配计算完工产品成本和月末在产品成本的一种方法。

需要注意的是，采用这种方法时，应分别按成本项目计算期末在产品的约当产量，根据不同的约当产量分配不同的生产费用。其中分配直接材料费用的约当产量应根据产品的投料程度(投料率)折算，分配直接人工和制造费用等加工费用的约当产量应根据产品的加工程度折算。

在产品的约当产量＝在产品数量×在产品完工程度

某项成本费用分配率＝(月初在产品成本＋本月归集的该项费用)/(完工产品数量＋月末在产品约当产量)

完工产品承担的该项成本＝完工产品的数量×该项成本费用分配率

1. 投料程度的确定

在产品投料程度是指在产品已经投入材料占完工产品应投入材料的百分比，也称投料率。投料程度用于分配直接材料耗费。在实际工作中，由于不同产品的原材料投料方式不同，有的是在生产开始时一次投入，有的是各工序分次投入等，因此，确定各工序在产品的投料程度时，应根据企业实际情况采用不同的方法进行。

(1)原材料在生产开始时一次投入。如果原材料在生产开始时一次投入，那么期末单位在产品和本期单位完工产品所耗材料量相同，即期末在产品的投料程度为100%。在此种情况下，直接材料费用可按完工产品的数量和期末在产品数量比例进行分配。

某企业生产某产品，本月完工600件，月末在产品200件，月初在产品直接材料费用和本月直接材料费用合计为32 000元，原材料是生产开始时一次投入。原材料费用按约当产量法分配。

直接材料分配率＝32 000/(600＋200)＝40

完工产品直接材料＝600×40＝24 000(元)

期末在产品直接材料＝200×40＝8 000(元)

(2)原材料分工序一次投入。由于各工序所耗用的原材料在本工序开始时一次投入，同一工序内所有产品无论是否完工，所耗用的原材料数量是相同的，因而在确定各工序在产品投料程度时，对于本工序的在产品，投料程度为100%。各工序的在产品投料程度计算公式如下：

某工序在产品的投料程度＝(以前各道工序材料消耗定额之和＋本工序材料消耗定额)/完工产品材料消耗定额

某企业生产某产品需经三道工序生产完成，本月完工产品1 000件，月末在产品200件，月初在产品直接材料费用和本月直接材料费用合计为20 707.20元。原材料在每道工序开始时一次性投入。每工序材料消耗定额分别为：第一道工序300千克，第二道工序120千克，第三道工序80千克；各工序的在产品数量分别为：第一道工序100件，第二道工序60件，第三道工序40件。

单位完工产品材料消耗定额＝300＋120＋80＝500

第一道工序在产品投料程度＝300/500＝60%

第一道工序在产品约当产量＝100×60%＝60(件)

第二道工序在产品投料程度＝(300＋120)/500＝84%

第二道工序在产品约当产量＝60×84%＝50.4(件)

第三道工序在产品投料程度＝(300＋120＋80)/500＝100%

第三道工序在产品约当产量＝40×100%＝40(件)

在产品约当产量合计＝60＋50.4＋40＝150.4(件)

直接材料分配率＝20 707.20/(1 000＋150.4)＝18(元/件)

完工产品直接材料＝1 000×18＝18 000(元)

期末在产品直接材料＝150.4×18＝2 707.20(元)

(3)原材料分工序陆续投入。即原材料分工序投入生产，而且各工序的材料定额随该工序的加工进度陆续投入。在这种投料方式下，每道工序加工程度不同的在产品所消耗的材料定额也不同。为了简化核算，一般假定每道工序在产品消耗本工序材料定额的50%。

某工序在产品的投料程度＝(以前各道工序材料消耗定额之和＋本工序材料消耗定额×50%)/完工产品材料消耗定额

某企业某产品需经两道工序生产完成，原材料分工序陆续投入。本月完工产品241件，在产品350件，月初在产品直接材料费用和本月直接材料费用合计为38 400元。每工序材料消耗定额分别为：第一道工序240千克，第二道工序260千克；各工序的在产品数量分别为：第一道工序200件，第二道工序150件。

单位完工产品材料消耗定额＝240＋260＝500

第一道工序在产品投料程度＝240×50%/500＝24%

第一道工序在产品约当产量＝200×24%＝48(件)

第二道工序在产品投料程度＝(240＋260×50%)/500＝74%

第二道工序在产品约当产量＝150×74%＝111(件)

在产品约当产量合计＝48＋111＝159(件)

直接材料分配率＝38 400/(241＋159)＝96(元/件)

完工产品直接材料＝241×96＝23 136(元)

期末在产品直接材料＝159×96＝15 264(元)

2. 加工程度的确定

产品对时间的消耗一定是陆续消耗，因此，加工程度的计算方法只有一种。由于每道工序不同的在产品所消耗的工时不同，为了简化核算，一般假定每工序在产品消耗本工序工时定额的50％。

某工序在产品的加工程度＝(以前各道工序单位产品工时定额之和＋本工序单位产品工时定额×50％)/单位完工产品工时定额

某企业生产某产品需经三道工序生产完成，本月完工产品400件，月末在产品200件，月初在产品直接人工费用和本月直接人工费用合计为28 000元，制造费用合计为9 000元。每工序工时定额分别为：第一道工序20小时，第二道工序10小时，第三道工序20小时，各道工序内在产品加工程度均按50％计算；各工序的在产品数量分别为：第一道工序80件，第二道工序40件，第三道工序80件。

单位完工产品工时定额＝20＋10＋20＝50

第一道工序在产品加工程度＝20×50％/50＝20％

第一道工序在产品约当产量＝80×20％＝16(件)

第二道工序在产品加工程度＝(20＋10×50％)/50＝50％

第二道工序在产品约当产量＝40×50％＝20(件)

第三道工序在产品加工程度＝(20＋10＋20×50％)/50＝80％

第三道工序在产品约当产量＝80×80％＝64(件)

在产品约当产量合计＝16＋20＋64＝100(件)

直接人工分配率＝28 000/(400＋100)＝56(元/件)

完工产品直接人工＝400×56＝22 400(元)

期末在产品直接人工＝100×56＝5 600(元)

制造费用分配率＝9 000/(400＋100)＝18(元/件)

完工产品制造费用＝400×18＝7 200(元)

期末在产品制造费用＝100×18＝1 800(元)

星光厂生产甲乙两种产品，生产成本明细账(表1—2、表1—3)归集了本月发生的各项生产耗费。甲产品月初在产品有10件未完工，本月继续加工又投产120件，本月完工120件，10件未完工；乙产品投产100件，月初无在产品，月末全部完工。原材料在生产开始时一次性投入，加工程度为80％。

(1)计算期末在产品约当产量：

在产品直接材料的约当产量＝10×100％＝10(件)

在产品按加工程度计算的约当产量＝10×80％＝8(件)

(2)直接材料的分配：

直接材料费用分配率＝1 000 193.79/(120＋10)＝7 693.798 4

完工产品分配的直接材料费用＝120×7 693.7984＝923 255.81(元)

月末在产品分配的直接材料费用＝1 000 193.79－923 255.81＝76 937.98(元)

(3)燃料与动力的分配：

燃料与动力费用分配率＝220 362.90/(120＋8)＝1 721.5852

完工产品分配的燃料与动力费用＝120×1 721.5852＝206 590.22(元)

月末在产品分配的燃料与动力费用＝220 362.90－206 590.22＝13 772.68(元)

(4)直接人工的分配：

直接人工费用分配率＝53 240.46/(120＋8)＝415.941 1

完工产品分配的直接人工费用＝120×415.9411＝49 912.93(元)

月末在产品分配的直接人工费用＝53 240.46－49 912.93＝3 327.53(元)

(5)制造费用的分配：

制造费用分配率＝38 180.60/(120＋8)＝298.285 9

完工产品分配的制造费用＝120×298.285 9＝35 794.31(元)

月末在产品分配的制造费用＝38 180.60－35 794.31＝2 386.29(元)

(6)汇总计算乙产品完工成本和在产品成本：

完工产品成本＝923 255.81＋206 590.22＋49 912.93＋35 794.31＝1 215 553.27(元)

期末在产品成本＝76 937.98＋13 772.68＋3 327.53＋2 386.29＝96 424.48(元)

(二)定额成本法

定额成本法又称在产品按定额成本计价法，是按照预先制定的成本定额及在产品的约当产量计算月末在产品成本，然后用期初在产品成本及本月生产费用的合计数减去月末在产品成本，计算出本月完工产品成本的一种计算方法。也就是说，在这种方法下，将月末在产品的定额成本当作是它的实际成本，而其实际成本与定额成本的差异完全由完工产品承担。因此，该方法适用于定额基础工作好，定额成本比较准确，各项消耗定额及费用定额比较稳定，而且各月月末在产品数量变动不大的企业。

$$\text{在产品直接材料定额成本} = \sum(\text{各工序在产品数量} \times \text{投料程度} \times \text{单位完工产品材料费用定额})$$

$$\text{在产品直接人工定额成本} = \sum(\text{各工序在产品数量} \times \text{加工程度} \times \text{单位完工产品工时定额}) \times \text{每小时定额人工}$$

$$\text{在产品制造费用定额成本} = \sum(\text{各工序在产品数量} \times \text{加工程度} \times \text{单位完工产品工时定额}) \times \text{每小时制造费用}$$

某企业生产某产品需经三道工序生产完成，原材料分三道工序并在每道工序陆续投入。本月完工产品1 000件，月末在产品 200 件，月初在产品和本月实际发生的直接材料费用合计为28 032元，直接人工费用合计为24 486元，制造费用合计为26 712元。每工序工时定额分别为：第一道工序 60 小时，第二道工序 30 小时，第三道工序 10 小时，直接人工、制造费用的每小时成本为 0.2 元、0.3 元，各道工序内在产品加工程度均按 50％计算；各工序原材料消耗费用定额分别为：第一道工序 30 元，第二道工序 18 元，第三道工序 16 元；各工序的在产品数量分别为：第一道工序 100 件，第二道工序 60 件，第三道工序 40 件。

第一，计算第一道工序的月末在产品定额成本：

月末在产品直接材料定额成本＝100×(50％×30)＝1 500(元)

月末在产品直接人工定额成本＝100×(50％×60)×0.2＝600(元)

月末在产品制造费用定额成本＝100×(50％×60)×0.3＝900(元)

第二，计算第二道工序的月末在产品定额成本：

月末在产品直接材料定额成本＝60×(30＋18×50％)＝2 340(元)

月末在产品直接人工定额成本＝60×(60＋30×50％)×0.2＝900(元)

月末在产品制造费用定额成本＝60×(60＋30×50％)×0.3＝1 350(元)

第三,计算第三道工序的月末在产品定额成本:

月末在产品直接材料定额成本＝40×(30＋18＋16×50％)＝2 240(元)

月末在产品直接人工定额成本＝40×(60＋30＋10×50％)×0.2＝760(元)

月末在产品制造费用定额成本＝40×(60＋30＋10×50％)×0.3＝1 140(元)

第四,计算月末在产品成本合计及完工产品成本:

月末在产品直接材料定额成本＝1 500＋2 340＋2 240＝6 080(元)

月末在产品直接人工定额成本＝600＋900＋760＝2 260(元)

月末在产品制造费用定额成本＝900＋1 350＋1 140＝3 390(元)

期末完工产品直接材料成本＝28 032－6 080＝21 952(元)

期末完工产品直接人工成本＝24 486－2 260＝22 226(元)

期末完工产品直接材料成本＝26 712－3 390＝23 322(元)

(三)定额比例法

定额比例法是将生产耗费按照完工产品与月末在产品定额消耗量或定额耗费的比例进行分配的方法。其中,直接材料费用按直接材料定额消耗量或直接材料定额费用比例分配,直接人工、制造费用等各项加工费用按定额工时或定额费用比例分配。这种方法适用于定额管理水平基础较好,各项消耗定额或费用定额制定比较准确,而且各月在产品数量变化较大的企业。

1. 按定额消耗量比例分配

某项费用分配率＝(期初在产品成本＋本期发生的生产费用)/(本期完工产品定额消耗量＋期末在产品定额消耗量)

本月完工产品分配的成本＝本期完工产品数量×消耗定额×费用分配率

月末在产品分配的成本＝月末在产品约当产量×消耗定额×费用分配率

2. 按定额费用比例分配

某项费用分配率＝(期初在产品成本＋本期发生的生产费用)/(本期完工产品定额费用＋期末在产品定额费用)

本月完工产品分配的成本＝本期完工产品数量×费用定额×费用分配率

月末在产品分配的成本＝月末在产品约当产量×费用定额×费用分配率

某企业生产某产品,月末完工产品100件,月末在产品50件,加工程度40％,原材料在生产开始时一次性投入。月初在产品成本和本期生产费用合计为30 000元,其中:直接材料费用15 000元,直接人工费用6 000元,制造费用9 000元。完工产品直接材料消耗定额为4千克,定额工时为2小时。

(1)计算分配直接材料费用:

完工产品定额消耗量＝100×4＝400(千克)

期末在产品定额消耗量＝50×4＝200(千克)

直接材料费用分配率＝15 000/(400＋200)＝25

完工产品直接材料成本＝100×4×25＝10 000(元)

期末在产品直接材料成本＝50×4×25＝5 000(元)

(2)计算分配直接人工费用:

完工产品定额工时＝100×2＝200(小时)

期末在产品定额工时＝50×2×40％＝40(小时)

直接人工费用分配率＝6 000/(200＋40)＝25

完工产品直接人工成本＝100×2×25＝5 000(元)

期末在产品直接人工成本＝50×2×40％×25＝1 000(元)

(3)计算分配制造费用：

完工产品定额工时＝100×2＝200(小时)

期末在产品定额工时＝50×2×40％＝40(小时)

制造费用分配率＝9 000/(200＋40)＝37.5

完工产品制造费用＝100×2×37.5＝7 500(元)

期末在产品制造费用＝50×2×40％×37.5＝1 500(元)

(4)计算完工产品成本和月末在产品成本：

完工产品成本＝10 000＋5 000＋7 500＝22 500(元)

期末在产品成本＝5 000＋1 000＋1 500＝7 500(元)

(四)简化方法

在实际工作中，企业根据自身的生产特征和管理要求，采用简化的方法。

1. 不计算在产品成本法

不计算在产品成本法是指虽然月末有在产品，但对月末在产品成本忽略不计的一种分配方法。在这种方法下，假设月末在产品成本为零，故完工产品成本就等于本期归集的生产费用，“基本生产成本”明细账账面无在产品。这种方法适用于期末无在产品或在产品数量少、价值低，不计算在产品成本对完工产品成本影响不大的企业。

完工产品成本＝本期归集的生产费用

2. 在产品成本按年初固定成本计价法

按年初固定数计算在产品成本法是对各月在产品成本按年初固定数计价，倒推出完工产品成本的方法。这种方法适用于各月月末在产品结存数量较少，或者虽然在产品数量较多但各月月末在产品数量稳定的企业。

完工产品成本＝期初在产品成本(年初固定数)＋本期生产费－期末在产品成本(年初固定数)

3. 在产品按完工产品成本计算法

在产品按完工产品成本计算法是将期末在产品视同完工产品计算分配生产费用的方法。实际上，单位在产品和单位完工产品所消耗的费用并不完全相同，而按这种方法把在产品视同为完工产品，忽略了这项差异。这种方法适用于月末在产品已接近完工，或产品已经加工完毕但尚未验收入库的企业。

某项费用分配率＝(期初在产品成本＋本期发生的生产费用)/(本期完工产品数量＋期末在产品数量)

本月完工产品分配的成本＝本期完工产品数量×费用分配率

月末在产品分配的成本＝月末在产品数量×费用分配率

4. 在产品成本按所耗原材料费用计价法

在产品成本按所耗原材料费用计价法是指期末在产品只计算分配所耗的材料费用，不计算分配直接人工、制造费用等加工费用，将原材料费用当作在产品成本，产品的直接人工、制造费用等加工费用全部由完工产品承担的方法。这种方法适用于各月在产品数量多，数量变化较大，且原材料费用在在产品成本中所占比重较大，加工费用比重小的企业。

本月完工产品成本＝月初在产品成本(只有直接材料成本)＋本期生产费用
－期末在产品成本(只有直接材料成本)

三、成本计算单的编制及实务操作

(一)归集甲、乙产品生产费用

根据前面归集分配的各种要素费用分配表、辅助生产费用分配表、制造费用分配表、废品损失分配表以及编制的记账凭证,据以登记甲、乙产品“基本生产成本”明细账。

(二)编制成本计算单

根据甲、乙产品“基本生产成本明细账”及产成品入库单,编制成本计算单(见表2—46、表2—47),计算完工产品成本。(星光厂根据自身特点,选用约当产量法分配)

表2—46　　完工产品和在产品成本计算单

甲产品

成本项目	累计生产费用	生产量				单位成本	在产品成本	完工产品成本
		完工产品数量	在产品数量	在产品约当量	合计			
直接材料	1 000 193.79	120	10	10	130	7 693.7984	76 937.98	923 255.81
燃料及动力	220 362.90	120	10	8	128	1 721.5852	13 772.68	206 590.22
直接人工	53 240.46	120	10	8	128	415.9411	3 327.53	49 912.93
制造费用	38 180.60	120	10	8	128	298.2859	2 386.29	35 794.31
废品损失								
合计	1 311 977.75					10 129.6106	96 424.48	1 215 553.27

表2—47　　完工产品和在产品成本计算单

乙产品

成本项目	累计生产费用	生产量				单位成本	完工产品成本	在产品成本
		完工产品数量	在产品数量	在产品约当量	合计			
直接材料	538 401.21	100			100	5 384.0121	538 401.21	
燃料及动力	171 467.10	100			100	1 714.6710	171 467.10	
直接人工	39 904.54	100			100	399.0454	39 904.54	
制造费用	28 369.40	100			100	283.6940	28 369.4	
废品损失	16 790.00					167.90	16 790	
合计	794 932.25	100			100	7 949.3225	794 932.25	

（三）编制产成品成本汇总表（见表 2—48）

表 2—48　　根据成本计算单编制成本汇总表

产品名称	产量	直接材料	燃料及动力	直接人工	制造费用	废品损失	合计
甲产品	120	923 255.81	206 590.22	49 912.93	35 794.31		1 215 553.27
乙产品	100	538 401.21	171 467.10	39 904.54	28 369.40	16 790.00	794 932.25

（四）填制记账凭证

根据成本汇总表及入库单填制记账凭证，如表 2—49 所示。

表 2—49　　记账凭证

2017 年 5 月 31 日　　记字　号

摘要	总账科目	明细科目	借方科目									贷方科目								
			百	十	万	千	百	十	元	角	分	百	十	万	千	百	十	元	角	分
结转完工产品成本	库存商品	甲产品	1	2	1	5	5	5	3	2	7									
		乙产品		7	9	4	9	3	2	2	5									
	基本生产成本	甲产品										1	2	1	5	5	5	3	2	7
		乙产品											7	9	4	9	3	2	2	5
合　计			2	0	1	0	4	8	5	5	2	2	0	1	0	4	8	5	5	2

会计主管：丁丽丽　　记账：余梦楠　　出纳：张佳佳　　复核：熊慧芬　　制单：吴尚华

（三）登记基本生产成本明细账

根据记账凭证及相关单证登记基本生产成本明细账。见表 1—2 至表 1—9。

项目三

产品成本计算的基本方法

工作任务

1. 了解不同成本计算方法的特点及其适用企业范围。
2. 掌握分批法、分步法的基本方法。

技能目标

1. 会根据企业生产特点和管理要求选择成本计算方法。
2. 熟练应用分批法、分步法计算产品成本。

任务一　学习引导

一、生产特点和管理要求对成本计算方法的影响

产品成本是由产品生产过程中各个生产单位所发生的生产费用形成的。因此，产品成本计算方法与企业生产单位的工艺技术过程和生产组织有紧密的联系。同时，成本核算是成本会计的一个重要组成部分，而成本会计又是会计这一管理活动的一个重要内容。因此，产品成本计算必须满足企业管理方面的要求。也就是说，确定产品成本计算方法必须从企业的具体情况出发，充分考虑企业生产经营特点和成本管理的要求。

不同行业的企业生产千差万别。就制造业而言，其生产根据生产工艺流程和生产组织的特点，可以分为以下类型。

(一)按工艺流程特点分类

(1)简单生产，指工艺过程不能间断，不可能或不需要划分为几个生产步骤的生产，如发电、采掘等工业生产。其特点为：生产周期比较短，产品品种单一，通常没有在产品、半成品或其他中间产品。简单生产又分为单步骤生产和多步骤生产。

(2)复杂生产，指生产工艺过程由若干个可以间断的、分散在不同地点、分别在不同时间进行的生产步骤所组成的生产，如纺织、钢铁、机械等工业生产。其特点是生产周期长，产品成品较多，有在产品、半成品或中间产品。复杂生产又分为连续式生产和装配式生产。

(二)按生产组织的特点分类

(1)大量生产,指不间断的重复制造品种相同的产品的生产。其特点是品种少、产量大。

(2)成批生产,指按规定的规格和数量,每隔一定时期重复生产某种产品的生产。其特点是产品品种较多,数量不等。

(3)单件生产,根据购买单位订单所提出的特定规格和数量而进行的产品生产。其特点为产品品种多,产量少。

(三)生产类型和管理要求对产品成本计算方法的影响

生产特点和管理要求决定产品成本计算方法,主要表现在成本计算对象、成本计算期以及生产费用在完工产品和在产品之间的分配方面。

1. 对成本计算对象的影响

计算产品成本,首先要确定成本计算对象。成本计算对象是指企业为了计算产品成本而确定的归类和分配生产费用的对象,也是确定按多大范围来归集生产费用计算产品成本的依据。成本计算对象可以是一个品种、一批产品、一类产品,也可以是生产步骤及各步骤的半成品。

单步骤大量生产的企业,由于生产工艺过程不能间断,不可能划分为几个步骤生产,又由于不断重复生产某种或几种产品,也无法分批,因此,只能以产品的品种作为成本计算对象,归集生产费用,计算产品成本。

多步骤连续式大量生产的企业,由于不断大量重复生产品种相同的产品而无法分批,但工艺过程可划分为若干可以间断的生产步骤。因此,既可以以各种产成品,也可以以其所经过的各种步骤的半成品为成本计算对象。

单件或小批量生产,由于产品是以客户的订单或批别组织生产,因而就决定了可以按产品的订单或批别作为成本计算对象,归集生产费用,计算产品成本。

2. 对成本计算期的影响

成本计算期,指生产费用计入产品成本所规定的起止时期。

在大量大批生产情况下,由于产品生产的不间断进行,在会计分期原则下,只能按月定期计算产品成本。

在小批或单件生产情况下,各批次的生产周期往往不同,而且批量小,生产不重复,这样,应按照各批产品的生产周期计算产品成本。

3. 对生产费用在完工产品和在产品之间分配的影响

在大量大批生产情况下,由于成本计算期与产品的生产周期不一致,每月月末一般会有在产品存在,因此要将生产费用在完工产品和期末在产品之间进行分配。

在小批或单件生产情况下,由于成本计算期与产品的生产周期一致,什么时候产品完工,什么时候才计算完工产品成本,因此,一般不存在生产费用在完工产品和在产品之间的分配。

二、产品成本计算的基本方法

生产特点和管理要求决定着产品成本计算方法的三个基本要素,即成本计算对象、成本计算期、生产费用在完工产品和月末在产品之间的分配。在这三个要素中,成本计算对象是最主要的。由于成本计算对象不同,就产生了以成本计算对象为显著区分标志的三种基本成本计算方法。

(一)品种法

品种法是以产品品种作为成本计算对象来归集生产费用,计算各种产品成本的一种方法。它适用于大量大批单步骤生产的企业和管理上不要求分步骤计算产品成本的生产企业。品种法是最基本的成本计算方法,是学习其他成本计算方法的基础。

(二)分批法

分批法是以产品的批别或订单作为成本计算对象来归集生产费用,计算各批或各件产品成本的方法。它适用于单件小批量单步骤生产的企业和管理上不要求分步骤计算产品成本的企业。

三、分步法

分步法是以产品的品种及其所经过的生产步骤作为成本计算对象来归集生产费用,计算产品成本的方法。它适用于管理上要求分步骤计算产品成本的大量大批多步骤生产的企业。分步法按其是否计算半成品成本分为逐步结转分步法和平行结转分步法。

任务二　产品成本计算的分批法

一、概述

(一)分批法的概念

产品成本计算的分批法是以产品的批别为成本计算对象归集生产费用,计算产品成本的一种方法。在单件小批生产的企业中,产品和每批产品的批量往往根据用户的订单确定,因而按照产品批别计算产品成本,也就是按照订单指定的产品计算产品成本,因此产品成本计算的分批法,亦称为订单法。

产品的批别和客户的订单并不完全相同:

(1)如果在一张订单中规定的产品不止一种,为了分析和考核各种产品成本计划的执行情况,并便于生产管理,还要按照产品的品种划分批别组织生产,计算成本。

(2)如果在一张订单中规定一种产品,但这种产品数量较大,不便于集中一次投产,或购货单位要求分批交货,也可以分为数批组织生产,计算成本。

(3)如果在一张订单中只规定一种产品,但这件产品属于大型复杂的产品,价值较大,生产周期较长(如大型船舶的制造),也可以按产品的组成部分分批组织生产,计算成本。

(4)如果同一时期内,在几张订单中规定有相同的产品,为了更加经济合理地组织生产,也可以将相同产品合为一批组织生产,计算成本;为了同一种产品也可能进行分批轮番生产,这也要求分批计算产品成本。由于各批产品往往耗用相同的原材料和半成品,在填列领料单、记录生产工时、进行在产品转移核算时,都应分清批别,防止"串批"。

(二)分批法的特点

1. 以产品批别作为成本计算对象

分批法下成本计算对象是购买者的订单或企业事先规定的产品批别。企业的生产调度部门根据订单开出生产令号,车间根据生产令号组织生产,仓库根据生产令号准备材料,会计部门根据生产令号开设生产成本明细账(设置成本计算单),计算产品生产成本。分批法的成本计算对象是产品的批别或工作令号指定的产品批别。

由于各批产品往往耗用相同的原材料、半成品和直接人工，因此在组织生产过程中，如果是直接费用，都必须标明生产令号，防止串工串料。产品完工时，这个生产令号就不再开支任何费用。如有余料、废料、废品残料，都要办理退库手续或作价交库。

2. 成本计算期与生产周期一致，而与会计报告期不一致

在分批法下各批产品发生的生产费用按月归集、分配，但产品成本负担的起讫期是从某批产品的开工至完工，所以成本计算是不定期的，只有该批产品全部完工时，才能计算其实际成本。因此成本计算期与生产周期相同，而与会计报告期不同。

3. 一般不需要在完工产品和在产品之间分配生产费用

在单件生产条件下，某张订单完工以前，其生产成本明细账所归集的生产费用，即为在产品成本；完工以后，其生产成本明细账所归集的生产费用，就是该订单完工产品的成本。因而在月末计算成本时，不存在生产费用在完工产品与在产品之间的分配问题。如果是小批生产，批内产品往往同时完工，在月末计算产品成本时，或是全部已经完工，或是全部没有完工，因而一般也不存在生产费用在完工产品与在产品之间的分配问题。但在一批产品跨月陆续完工并出售的情况下，月末计算成本时，一部分产品已完工，另一部分产品未完工，这时就要在完工产品与在产品之间分配生产费用，以便计算完工产品成本和月末在产品成本。

4. 分批出货对完工产品成本的简化处理

在小批生产，批内跨月陆续完工的情况不多的情况下，可采用简化的分配方法对完工产品计价。如可用计划成本、定额成本，或最近一批相同的产品实际成本对完工产品进行计价。然后将所确定的完工产品成本，从生产成本明细账中转出，余额即为在产品成本。不管采用上述哪一种计价处理方法，在该批产品全部完工以后，为了正确分析和考核该批产品成本的计划执行情况，还应计算该批全部产品的实际总成本和单位成本。但对已经转账的完工产品成本不作账面调整。

为了减少完工产品与月末在产品之间分配费用的工作量，提高分批法成本计算的准确性，在合理组织生产的前提下，也可以适当缩小产品批量，以较小的批量分批投产，尽量使同一批产品能够同时完工，避免发生跨月陆续完工的情况。但是缩小批量应有一定的限度，如果批量过小，不仅会使生产组织不合理、不经济，而且会使设立的生产成本明细账过多，增加核算工作量。这就要求财会部门和生产调度部门加强协调，做到既有利于组织生产，又有利于财会部门组织成本核算。

（三）分批法的适用范围

分批法主要适用于单件小批量类型的生产，例如重型机械、船舶、精密仪器、专用设备、专用工具、模具等的生产。在大量大批生产类型的企业中，其主要产品之外的新产品试制、来料加工、自制设备等，也可采用分批法。具体可以分为以下几种：

（1）按产品批别组织生产的企业：主要是指根据购买者的订单生产的企业、经常需要更换产品种类和数量的小型企业，一般不可能大批量生产，如高档时装的生产。

（2）提供机器设备修理等劳务的企业或企业的生产单位：即车间、分厂，如汽车的大修理。

（3）从事新产品试制、自制设备、自制工具、自制模具等生产任务的生产单位。

（四）分批法的计算程序

1. 按生产产品的批别设置生产成本明细账

会计部门根据生产调度部门签发的生产令号所规定的产品批别，为每批产品开设成本明

细账(产品成本计算单)。为了分析考核车间的工作成绩,加强车间的成本管理,成本明细账也可以以车间不再按每一订单或一批产品开设,计算每一订单在车间发生的费用。

2. 按生产产品的批别分配与归集生产费用

在分批法下,要按照产品批别(工作令号)来分配和归集生产费用。企业发生的生产费用,原始凭证上注明了产品批号(或工作令号)的,属于直接计入费用,应直接归集到各该批产品生产成本明细账(产品成本计算单)的相应成本项目中;对于不能分清属于某批产品的生产费用,则应根据原始凭证上标明的用途按相应的费用项目归集,再按照企业确定的分配方法在各批产品之间进行分配,最后归集到各批产品生产成本明细账中。

3. 按产品批别计算完工产品总成本和单位成本

生产周期内,各月月末结账时成本计算单上累计的生产费用,都是在产品成本。产品一旦完工,成本计算单上的全部费用就是库存商品成本,据以除以产量,就得到单位成本。完工产品验收入库借记“库存商品”,贷记“基本生产成本”。如果某批产品少量跨月陆续完工,可以用完工产品实际数量乘以近期相同产品的实际单位成本或计划单位成本、定额单位成本作为完工产品实际总成本予以转账。但为了正确分析和考核该批产品成本计划的执行情况,在该批产品全部完工时,还应重新计算该产品的实际总成本和单位成本。

二、分批法的核算举例

【例 3—1】 某企业生产甲、乙两种产品,生产组织属于小批生产,采用分批法计算成本。

(1)5 月份的产品批号有:

201741 批号:甲产品 10 台,4 月投产,本月完工 8 台。

201742 批号:甲产品 10 台,4 月投产,本月完工 4 台。

201751 批号:乙产品 6 台,5 月投产,本月完工 6 台。

201752 批号:乙产品 10 台,5 月投产,计划 7 月完工,本月全部未完工。

(2)5 月份各批号期初生产费用资料见表 3—1。

表 3—1　期初各种产品费用

批号	原材料	工资及福利费	制造费用	合计
201741	3 360	2 350	2 700	8 510
201742	4 600	3 050	4 980	12 630

(3)5 月份各批号生产费用资料见表 3—2。

表 3—2　本月发生费用

批号	原材料	工资及福利费	制造费用	合计
201741		1 520	1 800	3 300
201742	2 800	2 050	3 000	7 850
201751	3 000	2 400	1 800	7 200
201752	4 630	4 750	2 430	11 810

201741 批号甲产品完工数量较大,原材料在生产开始时一次投入,其他费用在完工产品

与在产品之间采用约当产量比例法分配，在产品完工程度为50%。

201742批号甲产品完工数量较少，完工产品按计划成本结转。每台产品单位计划成本：原材料费用800元，工资及福利费用600元，制造费用850元。

要求：根据上述资料，采用分批法，计算各批产品的完工成本和月末在产品成本。

根据上述各项资料，登记各批产品成本明细账。如表3—3至表3—6所示。

表3—3 **产品成本明细账**

产品批号：2017041　购货单位：骄阳公司　投产日期：4月　批量：10

产品名称：甲产品　本月完工8台　完工日期：6月　单位：元

摘要	原材料	工资及福利	制造费用	合计
月初在产品费用	3 360	2 350	2 700	8 510
本月生产费用	0	1 520	1 800	3 300
生产费用合计	3 360	3 870	4 500	11 810
完工产品成本	2 688	3 340	4 000	10 028
完工产品单位成本	336	430	500	1 266
月末在产品成本	672	430	500	1 602

该批产品本月完工8台，在产品与完工产品费用采用约当产量法，材料投产时一次性投入，则：

在产品约当产量＝2×50%＝1(台)

完工产品原材料费用＝3 360/(8＋2×100%)×8＝2 688(元)

月末在产品原材料费用＝3 360/(8＋2×100%)×2＝672(元)

完工产品工资及福利费＝3 870/(8＋2×50%)×8＝3 440(元)

月末在产品工资及福利费＝3 870/(8＋2×50%)×2×50%＝430(元)

完工产品制造费用＝4 500/(8＋2×50%)×8＝4 000(元)

月末在产品制造费用＝4 500/(8＋2×50%)×2×50%＝500(元)

表3—4 **产品成本明细账**

产品批号：2017042　购货单位：金石公司　投产日期：4月　批量：10

产品名称：甲产品　本月完工4台　完工日期：6月　单位：元

摘要	原材料	工资及福利	制造费用	合计
月初在产品费用	4 600	3 050	4 980	12 630
本月生产费用	2 800	2 050	3 000	7 850
生产费用合计	7 400	5 100	7 980	20 480
完工产品成本	3 200	2 400	3 400	9 000
完工产品单位成本	800	600	850	2 250
月末在产品成本	4 200	2 700	4 580	11 480

该批产品本月完工4台，完工产品费用按照计划成本结转，则：

完工产品原材料费用＝800×4＝3 200(元)

月末在产品原材料费用=7 400-3 200=4 200(元)

完工产品工资及福利费=600×4=2 400(元)

月末在产品工资及福利费=5 100-2 400=2 700(元)

完工产品制造费用=850×4=3 400(元)

月末在产品制造费用=7 980-3 400=4 580(元)

表 3-5　　**产品成本明细账**

产品批号:2017051　购货单位:骄阳公司　投产日期:5 月　批量:6 台

产品名称:乙产品　本月完工:6 台　完工日期:5 月　单位:元

摘要	原材料	工资及福利	制造费用	合计
本月生产费用	3 000	2 400	1 800	7 200
生产费用合计	3 000	2 400	1 800	7 200
完工产品成本	3 000	2 400	1 800	7 200
完工产品单位成本	500	400	300	1 200

该批产品本月投产,并且本月全部完工,本月生产费用全部计入完工产品成本。

表 3-6　　**产品成本明细账**

产品批号:2017052　购货单位:骄阳公司　投产日期:4 月　批量:10

产品名称:乙产品　完工日期:7 月　单位:元

摘要	原材料	工资及福利	制造费用	合计
本月生产费用	4 630	4 750	2 430	11 810
生产费用合计	4 630	4 750	2 430	11 810
完工产品成本				
完工产品单位成本				
月末在产品成本	4 630	4 750	2 430	11 810

该批产品本月投产,并且全部未完工,本月生产费用全部为在产品成本。

三、简化分批法

(一)简化的分批法含义

有的单件小批生产企业,同一月份内投产的产品批次非常多。如果采用前述分批法计算各批产品成本,各种间接计入成本的费用在各批产品之间的分配和登记工作极为繁重。在这种情况下,可以将间接计入费用在各批产品之间的分配和完工产品与在产品之间的分配结合起来,采用简化分批法。这种方法将生产费用在各成本核算对象之间的横向分配与生产费用在完工产品和期末在产品之间的纵向分配合并在一起,大大简化了成本计算工作。

采用简化分批法,只有在某批次产品完工时,才分配结转间接计入费用。对于未完工的其他批次产品,不分配间接计入费用,不计算在产品成本,而是将其间接计入费用累计在生产成本二级账中以总额反映。因此这种方法也称为不分批计算在产品成本的分批法。

(二)简化分批法的特点

1. 必须设置基本生产成本二级账

采用简化分批法,仍按照产品批别设置产品生产成本明细账,同时必须按生产单位设置基本生产成本二级账。产品生产明细账按月登记该批产品的直接计入费用和生产工时。各月发生的间接计入费用不按月在各批产品之间进行分配,而是按成本项目归集在生产成本二级账的相应成本项目中。只有在有完工产品的那个月份,才将生产成本二级账中累计起来的间接计入费用,按照完工产品工时占全部累计工时的比例,向完工产品进行分配;未完工产品的间接计入费用和累计工时保留在基本生产成本二级账中。完工产品从基本生产成本二级账中分配转入的间接计入费用,加上产品生产成本明细账中原登记的直接计入费用,即为完工产品总成本。

2. 不分批计算在产品成本

将完工产品负担的间接计入费用转入各完工产品生产成本明细账以后,基本生产成本二级账即反映了全部未完工批次月末在产品成本。各批次未完工产品的生产成本明细账上只反映了累计直接计入费用和累计工时,不反映各该批次的在产品成本。

3. 通过计算累计间接计入费用分配率来分配间接计入费用

简化分批法将间接计入生产费用在各批次产品之间的分配与完工产品和在产品之间的分配一次完成,大大简化了成本计算工作。

某批次完工产品应负担的间接计入生产费用的分配,是利用计算出的累计间接计入费用分配率进行的。其计算公式如下:

全部产品累计间接计入费用分配率=全部产品累计间接计入费用/全部累计工时

某批次完工产品应负担的间接费用=间接计入费用分配率×完工产品的累计工时

(三)简化分批法的核算举例

【例 3-2】 某企业按客户订单进行生产。产品批数多,月末有大量未完工产品,采用简化分批法计算产品成本。2017 年 8 月,它有 6011、7006、8016 批号三批产品完工,有关资料如下:

(1)产品产量及工时资料(见表 3-7)。

表 3-7 各批产品产量及工时资料

产品名称	批号	投产日期	投产数量	本月完工数量
A 产品	6011	6 月 8 日	80	80
B 产品	7006	7 月 10 日	60	25
C 产品	8016	8 月 2 日	40	未完工

(2)6 月份各批产品的生产工时和发生的直接费用情况(见表 3-8)。

表 3-8 各批产品的生产工时和发生的直接费用

产品名称	批号	原材料	生产工时
A 产品	6011	26 000	1 800
B 产品	7006	126 000	1 400
C 产品	8016	113 750	3 800
合计		265 750	6 000

(3)8 月各批产品发生的间接费用。直接人工22 000元，制造费用15 400元。

要求：根据上述资料计算 8 月份已完工产品的成本。

解：根据上述资料，登记基本生产成本二级账和各产品成本明细账，如表 3—9 至表 3—12 所示。

表 3—9　基本生产成本二级账　单位：元

月	日	摘要	原材料	工时	直接人工	制造费用	合计
6	30	6 月份发生生产费用和生产工时	38 000	1 000	13 500	15 500	67 000
7	31	7 月份发生生产费用和生产工时	84 000	2 000	23 000	24 000	13 1000
8	31	8 月份发生生产费用和生产工时	265 750	6 000	22 000	15 400	303 150
8	31	累计生产费用和生产工时	387 750	9 000	58 500	54 900	501 150
8	31	累计间接费用分配率			6.5	6.1	
8	31	本月完工生产成本	169 000	5 500	35 750	33 550	233 800
8	31	月末在产品成本余额	218 750	3 500	22 750	21 350	262 850

注：表 3—9 中，

累计直接人工费用分配率＝58 500÷9 000＝6.5

累计制造费用分配率＝54 900÷9 000＝6.1

表 3—10　产品成本明细账

批号：6011　投产日期：6 月 8 日

产品名称：A 产品　批量：80　本月完工：80　单位：元

月	日	摘要	原材料	工时	直接人工	制造费用	合计
6	30	6 月份发生生产费用和生产工时	38 000	1 000			
7	31	7 月份发生生产费用和生产工时	30 000	1 000			
8	31	8 月份发生生产费用和生产工时	26 000	1 000			
8	31	累计生产费用和生产工时	94 000	3 000	6.5	6.1	
8	31	完工 80 台产品成本转出	94 000	3 000	19 500	18 300	131 800
8	31	完工产品单位成本	1 175		243.75	228.75	1 647.5

表 3—10 中，直接材料在领料时按实际金额直接记录，间接费用按照间接费用分配率和完工工时计算填列，间接费用分配率根据基本生产成本二级账计算填列。相关计算如下：

完工转出直接人工＝6.5×3 000＝19 500(元)

完工转出制造费用＝6.1×3 000＝18 300(元)

表 3—11　产品成本明细账

批号：7006　投产日期：7 月 10 日

产品名称：B 产品　批量：60　本月完工：25　单位：元

月	日	摘要	原材料	工时	直接人工	制造费用	合计
7	31	7 月份发生生产费用和生产工时	54 000	1 000			
8	31	8 月份发生生产费用和生产工时	126 000	1 500			
8	31	累计生产费用和生产工时	180 000	2 500	6.5	6.1	
8	31	完工 25 台产品成本转出	75 000	1 500	9 750	9 150	93 900

续表

月	日	摘要	原材料	工时	直接人工	制造费用	合计
8	31	完工产品单位成本	3 000		390	366	3 756
8	31	月末在产品成本	105 000	1 000			

表 3－11 中，假设该批产品已经不需要再投料，完工 25 台产成品原材料成本按产品数量分配，人工和制造费用转出按间接费用分配率和完工工时计算填列。相关计算如下：

直接材料分配率＝18 000÷60＝3 000

完工产品直接材料费用＝3 000×25＝75 000(元)

完工产品转出直接人工＝6.5×1 500＝9 750(元)

完工产品转出制造费用＝6.1×1 500＝9 150(元)

表 3－12　　产品成本明细账

批号：8016　　投产日期：8 月 2 日

产品名称：C 产品　　批量：40　　本月完工：0　　单位：元

月	日	摘要	原材料	工时	直接人工	制造费用	合计
8	31	8 月份发生生产费用和生产工时	113 750	3 500			

8016 批 C 产品本月投产，全部未完工，不需要计算完工产品成本，只需要在生产成本明细账登记该批产品直接费用和生产工时，以便于完工以后进行成本计算。

各批产品成本明细账登记完毕后，完工产品的直接材料费用和生产工时应分别汇总计入基本生产成本二级账，并据以计算各批全部完工产品的总成本。

(四)简化分批法的优缺点及适用条件

简化分批法下，各批产品之间分配间接计入费用的工作以及完工产品与月末在产品之间分配费用的工作(生产费用的横向分配工作和纵向分配工作)，是利用累计间接计入费用分配率，到产品完工时合并在一起进行的。

生产费用的横向分配工作与纵向分配工作，在有完工产品时，根据同一个累计间接计入费用分配率一次分配完成。这一特点在产品的成本计算中体现最为明显。这就大大地简化了费用的分配和登记工作(月末未完工产品的批数越多，核算工作就越简化)。但是，这种方法在各月间接计入费用水平相差悬殊的情况下则不宜采用，不然就会影响各月产品成本的正确性。

任务三　产品成本计算的分步法

一、概述

在大量大批单步骤生产的企业中，产品成本的计算广泛采用品种法，那么在大量大批多步骤生产的企业中，产品成本的计算应该采用什么方法呢？如果管理上不需要提供各步骤的成本资料，用以考核其各步骤的成本，产品成本计算仍可采用品种法；反之，则需要按产品品种及其经过的生产步骤计算产品成本，为管理当局提供所需要的成本信息和数据。

(一)分步法的概念

产品成本计算的分步法,是以产品品种及其所经过的生产步骤作为成本计算对象来归集生产费用、计算产品成本的一种方法。

(二)分步法的特点

采用分步法计算产品成本的各个企业,有的需要提供各个生产步骤的半成品成本资料,有的不需要提供各个生产步骤的半成品成本资料,对各生产步骤成本的计算和结转有逐步结转和平行结转两种方法,相应地,产品成本计算的分步法分为逐步结转分步法(计算半成品成本的分步法)和平行结转分步法(不计算半成品成本的分步法)两种。

逐步结转分步法是按照产品的生产步骤逐步计算并结转半成品成本,直到最后生产步骤计算出库存商品成本的一种成本计算方法。计算和结转各生产步骤的半成品成本,是这种方法的显著特征。因此,逐步结转分步法也称作计算半成品成本的分步法。

平行结转分步法是平行结转各生产步骤生产费用中应计入相同库存商品成本的"份额",然后汇总计算出库存商品成本的一种成本计算方法。平行结转分步法按生产步骤计算本步骤发生的生产费用以及这些费用中应计入库存商品成本的"份额",但不计算和结转各生产步骤的半成品成本。因此,平行结转分步法也称作不计算半成品成本的分步法。

应当指出,分步法中的生产步骤,是指按照成本管理的要求划分的,作为成本计算对象的生产步骤,它与产品的实际生产步骤(加工步骤)可能一致,也可能不一致。在大量大批多步骤生产的企业中,生产单位(分厂、车间)一般是按生产步骤设立的。为了加强成本管理,也要求按生产单位(分厂、车间)归集生产费用,计算产品成本。因此,分步计算成本一般分生产单位(分厂、车间)计算产品成本。但是,当一个生产单位(分厂、车间)的规模较大,生产单位(分厂、车间)内可以分成几个生产步骤,而管理上又要求在生产单位内分步计算成本时,成本计算的分步不应当是生产单位(分厂、车间),而应当是生产单位内的生产步骤。此外,为了简化成本核算,根据成本管理的要求,也可以将几个生产步骤或生产车间,合并为一个成本计算的"步骤"来归集生产费用,计算生产步骤的成本。总之,企业应当根据生产特点和成本管理的要求,本着既要加强成本管理,又要简化成本核算的原则,确定作为成本计算对象的产品品种及其生产步骤。

分步法的主要特点是按产品的生产步骤计算产品成本。一般特点体现在下列几个方面:

1. 以生产步骤作为成本计算对象

分步法的成本计算对象是库存商品及其所经过的各个生产步骤,如果企业只生产一种产品,产品成本计算单(生产成本明细账)应当按照生产步骤开设;如果企业生产多种产品,产品成本计算单(生产成本明细账)应当按照生产步骤分产品品种开设。

企业发生的各种直接材料费用、直接人工费用和其他直接费用,凡能直接计入各成本计算对象的,应当直接计入;不能直接计入各成本计算对象的,应当先按生产步骤归集,月末再按一定标准分配计入各成本计算对象。企业发生的制造费用,应当先按生产单位归集,月末再直接计入或者分配计入各成本计算对象。分步法的成本计算对象是库存商品及其所经过的各个生产步骤,但逐步结转分步法和平行结转分步法的成本核算对象略有区别。逐步结转分步法的成本计算对象是库存商品及其所经过的各个生产步骤的各种半成品。平行结转分步法的成本计算对象,是库存商品及其所经过的各个生产步骤应计入最终库存商品成本的"份额"。

2. 成本计算期与会计报告期一致

采用分步法,无论是逐步结转分步法,还是平行结转分步法,一般按月定期计算产品成本。这种情况下,成本计算期与会计报告期一致,而与产品生产周期不一致。

3. 一般需要将生产费用在完工产品和月末在产品之间进行分配

采用分步法计算产品成本的企业，产品的生产往往跨月陆续完工，月末既有完工产品，又有在产品。因此，月末计算产品成本时，通常需要将已计入产品成本计算单中的生产费用，采用适当的分配方法在完工产品和月末在产品之间进行分配，计算各产品、各生产步骤完工产品的成本和月末在产品的成本；然后按照产品品种结转各步骤的完工产品成本，计算每一种库存商品的成本。

逐步结转分步法的成本计算对象是库存商品及其所经过的各个生产步骤的各种半成品，各生产步骤都需要计算本步所产半成品成本，半成品成本随着半成品实物的转移而结转，直到最后步骤计算出库存商品成本。因此，月末各生产步骤将生产费用在完工产品和月末在产品之间进行分配时，完工产品是指本步骤的完工产品，即本步骤的半成品，在产品是指月末正在本生产步骤中加工尚未完工的在制品。

平行结转分步法的成本计算对象是库存商品及其所经过的各个生产步骤应计入最终库存商品成本的"份额"，各生产步骤只归集本步骤发生的费用，不计算半成品成本。半成品的实物已经转移，但成本不转移。因此，月末各生产步骤将生产费用在完工产品和月末在产品之间进行分配时，完工产品的含义是狭义的，它只指企业所生产的最终库存商品；在产品的含义是广义的，既包括月末正在本步骤中加工尚未完工的在制品（狭义在产品），又包括本步骤完工转入后续步骤进一步加工而结存于后续步骤的月末在产品和本步骤完工转入半成品库而结存于半成品库的月末半成品。

（三）分步法的适用范围

分步法适用于管理上要求分步计算产品成本的大量大批多步骤生产企业，如冶金、纺织、造纸和机械制造等企业。在这些生产企业中，产品生产可以划分为若干个生产步骤。如钢铁企业可以分为炼铁、炼钢、轧钢等步骤；纺织企业可以分为纺纱、织布、印染等步骤；造纸企业可以分为制浆、制纸、包装等步骤；机械企业可以分为铸造、加工、装配等步骤。为了加强各生产步骤的成本管理，便于计算各种产品和半成品的盈亏，不仅要求按照产品品种计算成本，而且还要求按照产品生产步骤计算成本，为考核和分析各种产品及其所经过的生产步骤的成本计划的执行情况提供资料。

1. 逐步结转分步法的适用范围

逐步结转分步法主要适用于所生产的半成品经常对外销售和需要考核半成品成本的大量大批多步骤生产的企业，特别是大量大批连续式多步骤生产企业。在这些企业中，从原材料投入生产到库存商品制成，中间要顺序经过几个生产步骤加工，前面各生产步骤所产的都是半成品，只有最后生产步骤完工的才是库存商品。各生产步骤所产半成品，既可以转交给下一生产步骤继续加工，耗用在不同产品上，又可以作为商品产品对外销售。例如，纺织企业生产的棉纱，既可为企业自用，继续加工成各种布，又可以作为商品产品，直接对外出售。在这种情况下，除了需要计算各种库存商品成本外，还必须计算各生产步骤所产半成品成本。

2. 平行结转分步法的适用范围

平行结转分步法主要适用于各生产步骤所产的半成品种类较多，但是半成品对外销售的情况很少，并且在管理上不要求计算半成品成本，为了简化和加快成本计算工作的大量大批多步骤生产的企业，特别是大量大批装配式多步骤生产企业，从原材料投入生产到库存商品制成，多是先由各生产步骤对各种原材料平行地进行加工，使之成为各种零件和部件（半成品），然后再由总装车间（最后生产步骤）装配成各种库存商品。在某些连续式多步骤生产企业，如果各生产步骤所产半成品仅供本企业下一步骤继续加工，不准备对外出售，也可以采用平行结转分步法。

二、逐步结转分步法

(一)逐步结转分步法的成本计算程序

逐步结转分步法下，计算各生产步骤产品成本时，上一步骤所产半成品成本，要随着半成品实物的转移，从上一步骤产品成本明细账转入到下一步骤相同产品的成本明细账中，以便逐步计算各个步骤的半成品成本和最后一个步骤的库存商品成本。

逐步结转分步法的成本计算程序，如图 3－1 与图 3－2 所示。

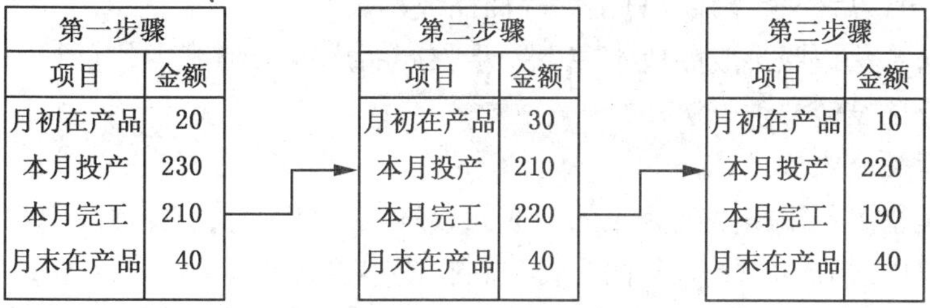

图 3－1　逐步结转分步法成本计算程序图(完工半成品不通过仓库收发)

采用逐步结转分步法时，各步骤完工半成品的成本，应从各步骤产品成本明细账中转出；各步骤领用半成品的成本，构成各步骤的一项费用，称为半成品费用，应计入各步骤产品成本明细账。如果半成品完工后不通过半成品库收发，而直接被下一步骤领用，那么半成品成本则应在各步骤的产品成本明细账之间直接结转，不通过“自制半成品”科目核算，如图 3－1 所示。如果半成品完工后不直接被下一步骤领用，而需要通过半成品库收发，则还要设置自制半成品明细账，在验收入库时，应编制借记“自制半成品”科目，贷记“基本生产成本”科目的会计分录；在下一步骤领用时，再编制相反的会计分录，如图 3－2 所示。

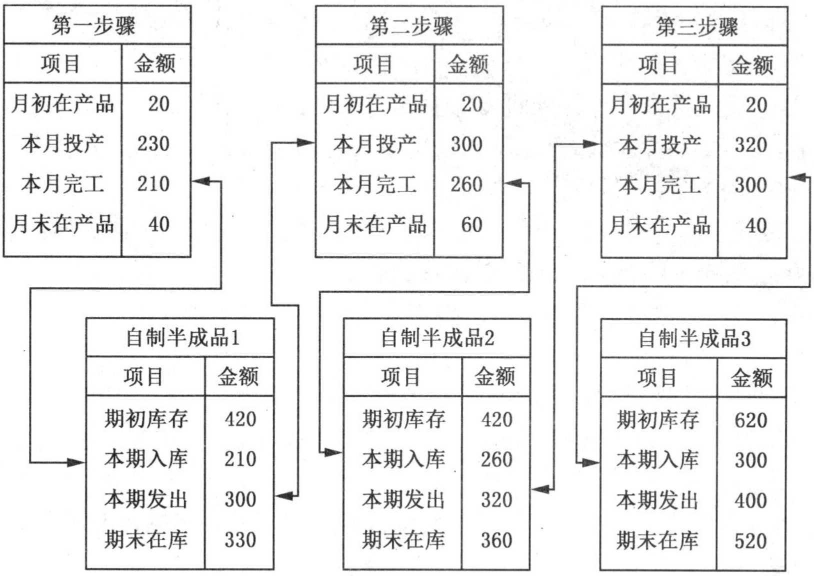

图 3－2　逐步结转分步法成本计算程序图(完工半成品通过仓库收发)

每月月末，各项生产费用(包括所耗上一步骤半成品的费用)在各步骤产品成本明细账中归集以后，如果既有完工半成品，又有加工中的在产品，则应将各步骤产品成本明细账中的生产费用采用适当的分配方法，在其完工半成品与加工中的在产品(也就是狭义的在产品)之间进行分配，以便计算完工半成品成本。这样，通过半成品成本的逐步结转，在最后一个步骤的产品成本明细账中，即可计算出库存商品的成本。

由上述内容可以看出，逐步结转分步法实际上就是品种法的多次连续应用。即在采用品种法计算出上一步骤的半成品成本以后，按照下一步骤的耗用数量转入下一步骤成本；下一步骤再一次采用品种法归集所耗半成品的费用和本步骤发生的其他费用，计算其半成品成本；如此逐步结转，直至最后一个步骤计算出库存商品成本。

逐步结转分步法按照半成品成本在下一步骤产品成本明细账中的反映方法不同，又可分为综合结转和分项结转两种方法。

(二)综合结转分步法

综合结转是指上一步骤生产完工的半成品成本在结转到下一步骤时，综合计入下一步骤产品成本计算单(产品成本明细账)的“直接材料”成本项目或专设的“半成品”成本项目中。半成品成本的综合结转，按照各步骤所生产半成品成本的计价标准不同，可分为半成品按实际成本综合结转和半成品按计划成本(或定额成本)综合结转两种。

综合结转在实际应用中每步完工产品按照是否入库如图 3－1、图 3－2 所示分为完工半成品通过仓库收发和不通过仓库收发两种，计算原理一样，下面列举半成品通过仓库收发。如图 3－2 所示，第一步骤本期完工成本 210 元，包含直接材料、人工、制造费用，同样本期发出自制半成品到第二步骤的 300 元同样包括直接材料、人工、制造费用，但是在第二步的成本计算中，这 300 元作为第二步骤的直接材料计入，同理，第二步骤的自制半成品作为第三步骤的直接材料，最终完工产品的成本项目上的直接材料包括前面所有步骤的直接材料、人工、制造费用。虽然总成本计算出来了，但是却看不出来该产品到底花费了多少材料、人工和制造费用，所以需要将最终的材料成本按照一定的方法分解为材料、人工、制造费用，简称成本还原，这也是综合结转分步法的一大特点。

1. 综合结转分步法举例

【例 3—3】 某企业的甲产品分两步骤生产，分别由第一、第二两个车间进行。第一车间生产甲半成品，交半成品库验收，第二车间按所需数量向半成品库领用，第二车间所耗半成品费用按全月一次加权平均单位成本计算，原材料于生产开始时一次投入。该企业成本计算采用逐步综合结转分步法，设“自制半成品”账户核算。车间之间结转半成品按实际成本计价核算。月末在产品采用约当产量法计算，月末在产品完工率估计为 50%，“自制半成品”库期初结存甲半成品 50 件，单位成本 368 元。有关产量资料和费用资料分别如表 3－13 和表 3－14 所示。

(1)根据表 3－13、表 3－14，编制第一车间产品成本计算单如表 3－15 所示。

(2)根据计算后的半成品交库单和第二车间领用半成品的领用单，登记自制半成品明细账如表 3－16 所示。

(3)根据各种费用分配表和完工产品入库单以及第二车间在产品定额成本资料，编制产品成本计算单如表 3－17 所示。

表 3—13　**产量资料**

项目	第一车间	第二车间
	甲半成品	甲产品
月初在产品数量	150	180
本月投入产品数量	550	470
本月完工产品数量	500	450
月末在产品数量	200	200

表 3—14　**生产费用资料**

成本项目	月初在产品成本		本月发生生产费用	
	一车间	二车间	一车间	二车间
直接材料	60 000	60 530	80 700	175 420
直接人工	25 000	29 000	38 000	33 150
制造费用	13 000	10 200	17 600	26 100
合计	98 000	99 730	136 300	234 670

据生产费用、产品记录资料，计算甲半成品成本和月末在产品成本，填列甲半成品成本计算单，如表 3—15 所示。

表 3—15　**产品成本计算单**

第一车间　　甲半成品　　完工数量:500 件　　单位:元

项目	直接材料	直接人工	制造费用	合计
月初在产品成本	60 000	25 000	13 000	98 000
本月生产费用	80 700	38 000	17 600	136 300
累计生产费用	140 700	63 000	30 600	234 300

表 3—15 的产品成本计算单中，月初在产品成本应根据上月末在产品成本登记；本月发生费用应根据本月各种费用分配表登记；本月完工产品成本和月末在产品成本应根据约当产量分配法计算后登记。

直接材料分配率＝140 700/(500＋200)＝201

完工半成品应分配的材料成本＝500×201＝100 500(元)

月末在产品应分配的材料成本＝200×201＝40 200(元)

直接人工分配率＝63 000/(500＋200×50％)＝105

完工半成品应分配的工资成本＝500×105＝52 500(元)

月末在产品应分配的工资成本＝100×105＝10 500(元)

制造费用分配率＝30 600/(500＋200×50％)＝51

完工半成品应分配的制造费用＝500×51＝25 500(元)

月末在产品应分配的工资成本＝100×51＝5 100(元)

根据第一车间完工半成品交库单，编制会计分录：

借:自制半成品——甲半成品　　178 500

　　贷:基本生产成本——一车间　　178 500

据第一车间甲半成品交库单和第二车间领用半成品的领料单:登记“自制半成品明细账”,如表3—16所示。

表3—16

自制半成品明细账

2017年8月31日　　甲半成品

月份	月初余额		本月增加		合计		单位成本	本月减少	
	数量	实际成本	数量	实际成本	数量	实际成本		数量	实际成本
8	50	18 400	500	178 500	550	196 900	358	490	175 420
9	60	21 480							

半成品甲加权平均成本=(18 400+178 500)/(50+500)=358

本月发出甲半成品成本=358×490=175 420(元)

根据第二基本生产车间领用半成品的领料单编制会计分录:

借:基本生产成本——二车间——甲产品　　175 420

　　贷:自制半成品成本——甲半成品　　175 420

根据第二车间领用的自制半成品、发生的直接工资、制造费用,以及完工产品和月末在产品资料,分配费用并登记第二车间产品成本计算单如表3—17所示。

表3—17

产品成本计算单

第二车间　　甲产品　　完工数量:450件

项目	半成品	直接人工	制造费用	合计
月初在产品成本	60 530	29 000	10 200	99 730
本月生产费用	175 420	33 150	26 100	234 670
累计生产费用	235 950	62 150	36 300	334 400
月末完工半成品成本	163 350	50 850	29 700	243 900
月末在产品成本	72 600	11 300	6 600	90 500

表3—17产品成本计算单中,月初在产品成本应根据上月末在产品成本登记;本月发生的生产费用中的“半成品”成本项目,就是为了综合登记所耗第一车间半成品的成本而增设的,该项目应根据自制半成品的加权平均单位成本计算的领用自制半成品成本登记,其他费用根据费用分配表计算结果登记;月末余额完工产品成本和月末在产品成本根据约当产量法计算登记:

半成品成本分配率=235 950/(450+200)=363

完工甲产品应分配的半成品成本=363×450=163 350(元)

月末在产品应分配的半成品成本=363×200=72 600(元)

直接人工分配率=62 150/(450+200×50%)=113

完工甲产品应分配的工资成本=113×450=50 850(元)

月末在产品应分配的工资成本=113×100=11 300(元)

制造费用分配率＝36 300/(450＋200×50%)＝66

完工甲产品应分配的制造费用＝66×450＝29 700(元)

月末在产品应分配的制造费用＝66×100＝6 600(元)

根据产成品交库单编制会计分录：

借:库存商品——甲产品　　243 900

　贷:基本生产成本——二车间——甲产品　　243 900

2. 成本还原

采用逐步综合结转分步法结转成本，各步骤所耗半成品的成本是以“半成品”或“直接材料”成本项目综合反映的，这样计算出来的库存商品成本，不能提供按原始成本项目反映的成本资料。在生产步骤较多的情况下，逐步综合结转以后，表现在库存商品成本中的绝大多数费用是最后一个步骤所耗半成品的费用，其他费用只是最后一个步骤的费用，在库存商品成本中所占的比重很小。这显然不符合企业产品成本的结构(也就是各成本项目之间的比例关系)的实际情况，因而不能据以从整个企业的角度来考核和分析产品成本的构成水平，所以需要进行成本还原。

通常采用的成本还原方法是：从最后一个步骤起，把各步骤所耗上一步骤半成品的综合成本，逐步分解，还原成直接材料、直接人工和制造费用等原始成本项目，从而求得按原始成本项目反映的库存商品成本资料。也就是说，将本月库存商品所耗上一步骤半成品的综合成本，按照本月所产这种半成品的成本结构进行还原。如表 3—18、图 3—3、图 3—4 所示。

表 3—18　成本项目结构

项目	直接材料	直接人工	制造费用	合计
第一步骤完工 A 半成品成本	C_{11}	C_{12}	C_{13}	T_1
第二步骤完工 B 半成品成本	C_{21}	C_{22}	C_{23}	T_2
第三步骤完工甲产成品成本	C_{31}	C_{32}	C_{33}	T_3

最后一步骤的直接材料 C_{31} 包含前面两步骤的直接材料、人工和制造费用，需要将其分解。C' 为还原后的成本项目，如图 3—3、图 3—4 所示。

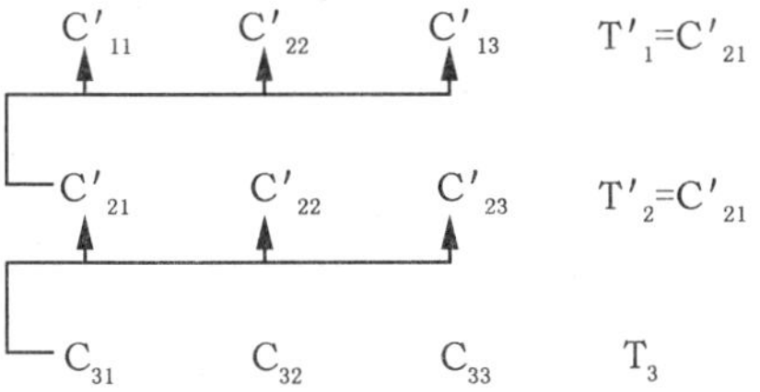

图 3—3　成本还原示意图

$$C'_{31}=C'_{11}+C'_{21}$$
$$C'_{32}=C'_{12}+C'_{22}+C'_{32}$$
$$C'_{33}=C'_{13}+C'_{23}+C'_{33}$$

图 3—4　还原后的完工产品成本项目

成本还原的常见方法有：成本还原率还原法、产品成本项目比重还原法和定额成本(或计划成本)还原法等。下面对成本还原率还原法和产品成本项目比重还原法分别进行阐述。

(1)成本还原率还原法。该法是指构成库存商品成本的半成品成本还原后的各成本项目的成本数额，是以本月所产半成品的各成本项目的成本数额，分别乘以还原分配率计算求出的。由此可见，采用这种方法进行成本还原，必须计算还原分配率，其计算公式为：

$$还原分配率=\frac{本月完工产品(或半成品)所耗上一步骤的成本}{本月上一步骤所产该种半成品的成本}\times 100\%$$

以还原分配率分别乘以本月上一步骤所产该种半成品各成本项目的成本数额，即可将本月库存商品所耗该种半成品的综合费用，按照本月所产这种半成品的成本结构进行分解、还原，求得按原始成本项目反映的库存商品成本。

【例3－4】 以表3－15和表3－17所计算的产品成本资料进行成本还原，如表3－19所示。

表3－19 **产品成本还原表**

还原后项目	第一步骤	第二步骤	总成本	单位成本
直接材料	91 970.17		91 970.17	204.38
直接人工	48 044.12	50 850	98 894.12	219.76
制造费用	23 335.71	29 700	53 035.71	117.86
合计	163 350	80 550	243 900	542

成本还原的对象是完工产品成本中所耗上步骤的“半成品”成本163 350元。需要注意的是成本还原的对象不是完工产品成本243 900元。

成本还原率＝163 350/178 500＝0.915 126 05

还原第一步的直接材料＝100 500×0.915 126 05＝91 970.17(元)

还原第一步的直接人工＝52 500×0.915 126 05＝48 044.12(元)

还原第一步的直接材料＝25 500×0.915 126 05＝23 335.71(元)

根据还原结果可以看出，生产450件A产品，其单位材料成本应为204.38元，而不是363元，材料总成本应为91 970.17元，而不是163 350元；单位直接人工应为219.76元，而不是113元，直接人工总成本不是98 894.12元，而是50 850元；单位制造费用应为117.86元，而不是66元，制造费用总额应为53 035.71元，而不是29 700元。

(2)产品成本项目比重还原法。该还原法是指构成库存商品的半成品成本，按照上一步骤所产的半成品中各成本项目所占的比重进行还原的方法。具体计算如下：

某半成品本月成本项目的比重＝本月生产所耗该项目成本金额/本月完工半成品成本×100%

还原后所耗上一步骤某项目数额＝下一步骤本月所耗半成品数额×某成本项目比重

将构成库存商品的半成品各成本项目数额计算出来之后，将各生产步骤相同原始成本项目的成本数额加以汇总，就可以求得成本还原以后的库存商品成本。

【例3－5】 以表3－15和表3－17所计算的产品成本资料进行成本还原。

上步完工半成品直接材料比重＝100 500/178 500＝0.563 025 21

上步完工半成品直接人工比重＝52 500/178 500＝0.294 117 647

上步完工半成品直接材料比重＝25 500/178 500＝0.142 857 143

还原成第一步的直接材料＝163 350×0.563 025 21＝91 970.17(元)

还原成第一步的直接人工＝163 350×0.294 117 647＝48 044.12(元)

还原成第一步的制造费用＝163 350×0.142 857 143＝23 335.71(元)

合　计：163 350元

此还原结果与采用计算成本还原率还原的结果完全一样，只不过是计算数据的时候先后不一样，为了便于大家理解和记忆，将两种方法进行对比，如表3—20所示。

表3—20　　成本还原率法与成本项目比重法比较表

成本项目	成本还原率法			项目比重法		
	本月生产费用	分配率	还原金额	本月生产费用	结构比重	还原金额
直接材料	C_{21}	C_{31}/T_2	$C_{21}\times C_{31}/T_2$	C_{21}	C_{21}/T_2	$C_{31}\times C_{21}/T_2$
直接人工	C_{22}	C_{31}/T_2	$C_{22}\times C_{31}/T_2$	C_{22}	C_{22}/T_2	$C_{31}\times C_{22}/T_2$
制造费用	C_{23}	C_{31}/T_2	$C_{23}\times C_{31}/T_2$	C_{23}	C_{23}/T_2	$C_{31}\times C_{23}/T_2$
合计	T_2		C_{31}	T_2	1	C_{31}

应该指出，按照前述方法进行成本还原，没有考虑以前月份所产半成品的成本结构对本月库存商品所耗半成品成本结构的影响，因此，在各月所产半成品的成本结构变动较大的情况下采用前述方法，对成本还原结果的正确性就会有较大的影响。如果半成品的定额成本或计划成本比较准确，为了简化成本还原工作，并提高还原结果的正确性，库存商品所耗半成品费用也可以按半成品定额成本或计划成本的结构进行还原。这时，上列成本还原计算表中按成本项目分列的本月所产半成品的总成本，应该改为按成本项目分列的半成品定额的单位成本或计划的单位成本。

3. 综合结转法的优点和缺点

综合结转法的优点：可以在各生产步骤的产品成本明细账中反映各该步骤完工产品所耗半成品费用的水平和本步骤加工费用的水平，有利于各个生产步骤的成本管理；以综合方式结转半成品成本可以简化半成品成本结转工作。

综合结转法的缺点：不能提供按原始成本项目反映的产成品成本信息，因而难以从企业角度分析和考核产品成本的结构和水平；如果管理上要求提供这方面的成本资料，还需要将综合结转算出的产成品成本进行成本还原，这样会增加核算工作量。

(三)分项结转分步法

分项结转是将上一生产步骤转入下一生产步骤的半成品成本，按其原始成本项目，分别记入下一生产步骤产品成本明细账中相应的成本项目之中，分项反映各步骤所耗上一步骤所产半成品成本。实际上就是按产品的成本项目分项累计计算产品成本的方式。如果半成品通过半成品仓库收发，在自制半成品明细账中，要分成本项目设置并按成本项目登记半成品成本。

分项结转可以按照半成品的实际单位成本结转，也可以按照半成品的计划单位成本结转，然后按成本项目分项调整成本差异。显然，后一种做法的计算工作量较大。因此，一般采用半成品按实际成本分项结转的方法。

1. 分项结转分步法举例

【例3—6】 假定某制造企业生产C产品，经过两个生产步骤分别在两个车间进行生产，采用分项结转分步法核算成本。第一车间生产的C半成品通过半成品库收发，第二车间由半成品库领用半成品继续加工，两个车间的月末在产品均按定额成本计价。该企业本月生产情况及有关资料，如表3—21至表3—23所示。

表 3—21 产量记录

项目	第一车间	第二车间
月初在产品	80	140
本月投入量	820	810
本月完工量	800	750
月末在产品	100	200

表 3—22 单位在产品定额成本

项目	直接材料	直接人工	制造费用	合计
第一车间	140	14	16	170
第二车间	140	25	10	175

表 3—23 月初在产品成本和本月生产费用

项目		直接材料	直接人工	制造费用	合计
月初在产品成本	第一车间	11 200	1 120	1 280	13 600
	第二车间	19 600	3 500	1 400	24 500
本月生产费用	第一车间	120 000	14 000	16 800	150 800
	第二车间		4 200	6 500	

解:(1)根据以上资料,登记第一车间产品成本明细账,如表 3—24 所示。

表 3—24 产成品成本计算单

第一车间　　2017 年 7 月　　完工产量:800 件　　单位:元

摘要	直接材料	直接人工	制造费用	合计
月初在产品成本	11 200	1 120	1 280	13 600
本月生产费用	120 000	14 000	16 500	150 500
生产费用合计	131 200	15 120	17 780	164 100
完工半成品成本	117 200	13 720	16 180	147 100
月末在产品成本	14 000	1 400	1 600	17 000

表 3—24 中月末在产品成本按定额成本计算,完工成品的成本采用倒挤的方法计算求得。根据第一车间 C 半成品成本明细账和半成品交库单,编制如下会计分录:

借:自制半成品——C 半成品　　147 100

　　贷:基本生产成本——第一车间　　147 100

(2)据第一车间成本明细账以及半成品的交库单和领用单,登记自制半成品明细账,如表 3—25 所示。自制半成品明细账中按成本项目分设专栏,而不是只反映数量和总金额。

表3—25　　自制半成品明细账

产品名称:C半成品　　2017年7月　　完工产量:件

摘要	数量(件)	直接材料	直接人工	制造费用	合计
月初余额	150	22 590	2 490	2 900	27 980
本月增加	820	120 000	14 000	16 500	150 500
合计	970	142 590	16 490	1 940	178 480
单位成本		147	17	20	184
本月减少	810	119 070	13 770	16 200	149 040
月末余额	170	23 520	2 720	3 200	29 440

表3—25中所列半成品的结转采用实际成本,发出半成品计价按全月一次加权平均法计算。

根据第二车间C半成品成本明细账和半成品领用单,编制如下会计分录:

借:基本生产成本——第二车间　　149 040

　贷:自制半成品——C半成品　　149 040

据上述有关资料,登记第二车间C产品成本计算单,如表3—26所示。

表3—26　　产成品成本计算单

第二车间　　2017年7月　　完工产量:600件　　单位:元

摘要	数量(件)	直接材料	直接人工	制造费用	合计
月初在产品	140	19 600	3 500	1 400	24 500
上一步转入	810	119 070	13 770	16 200	149 040
本月增加			13 980	16 800	30 780
合计	970	138 670	31 250	34 400	204 320
完工产品	750	110 670	26 250	32 400	169 320
单位成本		147.56	35	43.2	225.76
月末在产品	200	28 000	5 000	2 000	35 000

表3—26中,月末在产品成本按定额成本计算,完工产品的成本采用倒挤的方法计算求得。

根据第二车间C产品成本明细账和半成品交库单,编制如下会计分录:

借:库存商品——C产成品　　169 320

　贷:基本生产成本——第二车间　　169 320

2. 分项结转法的优点和缺点

分项结转法的优点:可以直接、真实地反映企业产品成本的原始构成,不需要进行成本还原。

分项结转法的缺点:成本结转工作比较复杂,特别是半成品在经过半成品仓库收发的情况下更是如此;在各步骤完工产品成本中看不出所耗上一步骤半成品费用和本步骤加工费用是多少，不便于进行各步骤完工产品的成本分析和成本考核。

（四）逐步结转分步法的优点

（1）能够提供各个生产步骤的半成品成本信息，这是分析和考核企业产品成本，以及正确计算半成品销售成本的基础。

（2）由于半成品的成本随着半成品实物的转移而结转，各生产步骤产品成本明细账、自制半成品明细账中的成本金额，反映着留存在各个生产步骤的在产品成本以及半成品成本，因而能为在产品和半成品的实物管理和生产资金管理提供信息。

（3）采用综合逐步结转法结转半成品成本时，能全面反映各步骤完工产品中所耗上一步骤半成品费用水平和本步骤加工费用水平，有利于各步骤的成本管理。

（4）采用分项逐步结转法结转半成品成本时，可以直接提供按原始成本项目反映的产品成本资料，满足企业分析和考核产品成本构成和成本水平的需要，不必进行成本还原。

三、平行结转分步法

平行结转分步法也称不计算半成品成本的分步法。主要适用于多步骤装配式生产的企业。这类企业各步骤生产半成品的种类很多，一般只供本企业生产产品所用，很少对外销售，管理上也不要求提供各步骤半成品的资料，只需核算各步骤所发生的费用及各步骤应计入当期完工产成品中的“份额”。然后将各步骤应计入同一产成品成本的份额平行结转、汇总，即可计算出该种产品的成本。

（一）平行结转分步法的特点

（1）各步骤不计算半成品的成本，只核算本步骤所发生的生产费用（除第一步骤外）。

（2）各步骤间不结转半成品成本。无论半成品实物是在各生产步骤之间直接转移，还是通过半成品库收发，都不进行总分类核算。即半成品成本不随半成品实物的转移而转移。

（3）每月终了，将各步骤成本计算单上发生的生产费用采用适当的方法在完工产品和在产品之间进行分配。这里的“完工产品”是指最终完工的产成品；“在产品”是指就整个企业而言的未完工产品，即广义在产品，具体包括：①本步骤正在加工的在产品（也称狭义的在产品），②本步骤完工转入以后各步骤尚未最终完工的在产品，③本步骤完工转入半成品库的半成品。

（4）将各步骤费用中应计入产成品的“份额”平行汇总，计算该种产成品的总成本和单位成本。

（二）平行结转分步法的成本计算程序

（1）按每种产品的品种及其所经过的生产步骤设置产品成本明细账。

（2）按每一种产品及其所经过的生产步骤，分别成本项目归集本步骤发生的生产费用（不包括耗用上一步骤半成品的成本），计算出每一步骤所发生的生产费用总额。

（3）月末采用一定的方法计算每一生产步骤应计入产成品成本中的份额。在计算各步骤应计入产成品成本的份额时，需将各步骤产品成本明细账中所归集的生产费用，采用一定的方法，在完工产品与在产品之间进行分配。

（4）将各步骤费用中应计入产成品成本中的份额，按成本项目平行结转、汇总，计算出产成品的总成本和单位成本。

平行结转分步法的成本计算程序，如图3—5所示。

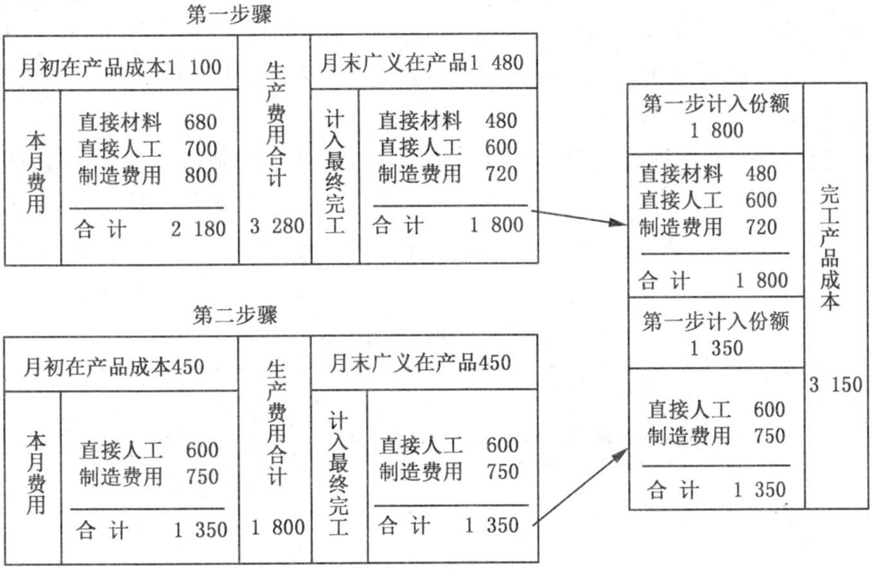

图 3.5　平行分步结转法成本计算程序

（三）各生产步骤应计入产成品成本份额的计算

采用平行结转分步法时，每一生产步骤的生产费用都要在其完工产品与月末在产品之间进行分配。其中，每一生产步骤完工产品的费用，都是该步骤生产费用中用于库存商品成本的"份额"；每一生产步骤月末在产品的费用，都是该步骤生产费用中用于该步骤在产品（狭义在产品）和半成品成本的"份额"。

由此可见，在平行结转分步法下，每一生产步骤的生产费用（不包括所耗上一步骤的半成品费用）要在企业最后完工的库存商品与广义在产品之间进行分配，计算这些费用在库存商品成本和广义在产品成本中所占的"份额"。运用平行结转分步法计算产成品成本的一个关键问题是：如何确定各步骤生产费用中应计入产成品成本的份额，也就是如何将每一生产步骤的生产费用在完工产品与在产品之间进行分配。采用平行结转分步法，各步骤生产费用（不包括所耗上一步骤的半成品费用）在库存商品与广义在产品之间进行分配时，通常采用定额比例法、约当产量法或在产品按定额成本计价法等。

例如，在产品与完工产品之间用约当产量法进行分配时，计入份额则为：

$$\text{某步骤应计入产成品成本的份额}=\text{产成品产量}\times\text{单位产成品耗用该步骤半成品数量}\times\text{该步骤半成品单位成本}$$

$$\text{某步骤半成品单位成本}=\frac{\text{该步骤月初在产品成本}+\text{该步骤本月发生生产费用}}{\text{产成品耗用该步骤半成品数量}+\text{该步骤广义在产品约当数量}}$$

$$\text{该步骤广义在产品约当数量}=\text{该步骤在产品约当量}+\text{后序各步骤的月末在产品数量}$$

如果每单位产成品耗用各步骤生产的半成品为 1 个单位时，上式中"产成品耗用该步骤半成品数量"就直接用最后步骤完工产成品数量进行计算，同时后两项合计再加上"该步骤狭义在产品约当产量"，就可表示为该步骤月末广义在产品的约当产量。

（四）平行结转分步法举例

1. 定额比例法

采用定额比例法作为分配费用标准的定额资料比较容易取得，库存商品的定额消耗量或定额费用，可以根据库存商品数量乘以消耗定额或费用定额计算；在产品的定额消耗量或定额费用，由于广义在产品的实物分散在本步骤、半成品库和以后各步骤，具体的盘存、计算工作虽然比较复杂，但大多数月份可以采用前述简化的倒挤方法计算，因而也较简便。如果消耗定额或费用定额准确，这种方法的分配结果也比较合理。

【例 3—7】 某企业在连续的两道工艺上通过两个生产车间制造甲产品，分两步采用平行结转分步法归集和计算产品成本。原材料项目按定额耗费比例分配，其他项目均按定额工时比例分配，原材料在生产开始时一次投入，本月完工 10 件。2016 年 7 月，有关定额及耗费资料，如表 3—27、表 3—28 所示。

表 3—27 **本月有关定额资料汇总**

车间份额	月初在产品		本月投入		本月产成品	
	定额材料耗费	定额工时	定额材料耗费	定额工时	定额材料耗费	定额工时
第一车间	300	50	600	150	40	10
第二车间		45		155		15
合计					40	25

表 3—28 **月初广义在产品成本**

车间		直接材料	直接人工	制造费用	合计
月初广义在产品成本	第一车间	400	300	400	1 100
	第二车间		200	250	450
本月发生的生产费用	第一车间	680	700	800	2 180
	第二车间		600	750	1 350

本月生产完工甲产品 10 件采用定额比例法分配耗费计算过程如下：

(1)第一车间成本分配过程。

直接材料项目：

完工产成品定额耗费＝10×40＝400(元)

月末广义在产品定额耗费＝300＋600－400＝500(元)

直接材料分配率＝(400＋680)/(400＋500)＝1.2(元)

完工产成品成本＝400×1.2＝480(元)

月末广义在产品成本＝500×1.2＝600(元)

定额工时：

完工产品定额工时＝10×12＝120(小时)

月末广义在产品定额工时＝50＋150－120＝80(小时)

直接人工项目：

直接人工分配率＝(300＋700)/(120＋80)＝5

完工产成品成本＝120×5＝600(元)

月末广义在产品成本＝80×5＝400(元)

制造费用项目：

制造费用分配率＝(400＋800)/(120＋80)＝6

完工产成品成本＝120×6＝720(元)

月末广义在产品成本＝80×6＝480(元)

根据以上计算结果登记第一车间成本计算单，如表3－29所示。

表3－29 **产成品计算单**

车间名称：一车间　　产品名称：甲产品

摘要	直接材料		定额工时	直接人工	制造费用	合计
	定额	实际				
月初在产品成本	300	400	50	300	400	1 100
本月生产耗费	600	680	150	700	800	2 180
生产耗费合计	900	1 080	200	1 000	1 200	3 280
耗费分配率		1.2		5	6	
计入产成品成本份额	400	480	120	600	720	1 800
月末在产品成本	500	600	80	400	480	1 480

(2)第二车间成本分配过程。

定额工时：

完工产品定额工时＝1×15＝150(小时)

月末广义在产品定额工时＝45＋155－150＝50(小时)

直接人工项目：

直接人工分配率＝(200＋600)/(150＋50)＝4

完工产成品成本＝150×4＝600(元)

月末广义在产品成本＝50×4＝200(元)

制造费用项目：

制造费用分配率＝(250＋750)/(150＋50)＝5

完工产成品成本＝150×5＝750(元)

月末广义在产品成本＝50×5＝250(元)

根据上述计算结果登记第二车间成本计算单，如表3－30所示。

表3－30 **产成品计算单**

车间名称：二车间　　产品名称：甲产品

摘要	直接材料		定额工时	直接人工	制造费用	合计
	定额	实际				
月初在产品成本			45	200	250	450
本月生产耗费			155	600	750	1 350
生产耗费合计			200	800	1 000	1 800
耗费分配率				4	5	

续表

摘要	直接材料		定额工时	直接人工	制造费用	合计
	定额	实际				
计入产成品成本份额			150	600	750	1 350
月末在产品成本			50	200	250	450

根据第一、第二车间(步骤)成本计算单,编制产成品成本汇总表,如表3—31所示。

表3—31 **产成品成本汇总表**

产品名称:甲产品 2017年7月 单位:元

摘要	产量(件)	直接材料	直接人工	制造费用	合计
一车间		480	600	720	1 800
二车间			600	750	1 350
合计	10	480	1 200	1 470	3 150
单位成本		48	120	147	315

2. 约当产量法

【例3—8】 某企业生产A产品,经过两个生产车间进行加工。该企业采用平行结转分步法计算产品成本,原材料在生产开始时一次投入。生产费用在完工产品成本"份额"和广义在产品之间的费用分配,采用约当产量比例法核算。2017年9月,该企业各车间的成本资料和产量记录如表3—32、表3—33所示。

表3—32 **产量记录**

	月初在产品(件)	本月投产(件)	本月完工(件)	月末在产品(件)	在产品加工程度
一车间	150	450	400	200	40%
二车间	100	400	340	160	50%

表3—33 **月初在产品成本和本月生产费用**

项目		直接材料	直接人工	制造费用	合计
月初步产品成本	第一车间	39 500	6 000	3 600	49 100
	第二车间		2 400	1 200	3 600
本月生产费用	第一车间	90 000	15 000	9 000	114 000
	第二车间		6 000	3 000	9 000

解:该企业的成本计算程序如下:

据上述资料及各种费用分配表和产成品交库单,登记第一车间产品成本明细账,如表3—34所示。

表 3—34 产品成本计算单

部门:第一车间 2017 年 9 月 单位:元

摘要	直接材料	直接人工	制造费用	合计
月初步产品成本	39 500	6 000	3 600	49 100
本月生产费用	90 000	15 000	90 00	114 000
本月累计生产费用	129 500	21 000	12 600	163 100
最终完工数量	340	340	340	
广义在产品约当量	360	260	260	
约当产量	700	600	600	
单位成本	185	35	21	241
完工产品成本份额	62 900	11 900	7 140	81 940
月末广义在产品成本	66 600	8 689	5 215	80 504

表 3—34 中,约当产量和费用分配的计算如下:

原材料约当产量=340+160+200=700(件)

直接人工费约当产量=340+160+200×50%=600(件)

制造费用约当产量=340+160+200×50%=600(件)

单位产品直接材料费用=(39 500+90 000)/(340+160+200)=185(元)

应计入产成品成本中的直接材料份额=340×185=62 900(元)

月末广义在产品的直接材料费用=(160+200)×185=66 600 (元)

单位产品的直接人工费用=(6 000+15 000)/(340+160+200×50%)=35(元)

应计入产成品成本中的直接人工费用份额=340×35=11 900(元)

月末广义在产品的直接人工费用=6 000+15 000—12 311=8 689(元)

单位产品的制造费用=(3 600+9 000)/(340+160+200×50%)=21(元)

应计入产成品成本中的制造费用份额=340×21=7 140(元)

月末广义在产品的制造费用=3 600+9 000—77 140=5 215(元)

据上述资料及各种费用分配表和产成品交库单,登记第二车间产品成本明细账,如表 3—35所示。

表 3—35 产品成本计算单

部门:第二车间 2017 年 9 月 单位:元

摘要	直接材料	直接人工	制造费用	合计
月初步产品成本		2 400	1 200	3 600
本月生产费用		6 000	3 000	9 000
本月累计生产费用		8 400	4 200	12 600
最终完工数量		340	340	
广义在产品约当量		80	80	
约当产量		420	420	

续表

摘要	直接材料	直接人工	制造费用	合计
单位成本		20	10	30
完工产品成本份额		6 800	3 400	10 200
月末广义在产品成本		1 600	800	2 400

表 3－35 中，约当产量和费用分配的计算如下：

直接人工费约当产量＝340＋160×50％＝420(件)

制造费用约当产量＝340＋160×50％＝420(件)

单位产品的直接人工费用＝(2 400＋6 000)/(340＋160×50％)＝20

应计入产成品成本中的直接人工费用＝340×20＝6 800(元)

月末广义在产品的直接人工费用＝2 400＋6 000－6 800＝1 600(元)

单位产品的制造费用＝(1 200＋3 000)/(340＋160×50％)＝10

应计入产成品成本中的制造费用＝340×10＝3 400(元)

月末广义在产品的制造费用＝1 200＋3 000－3 400＝800(元)

据第一车间、第二车间产品成本明细账所计算的产成品成本份额，平行汇总产成品成本，如表 3－36 所示。

表 3－36 **产成品成本汇总表**

2017 年 9 月 单位:元

应借科目	生产步骤	产量(件)	直接材料	直接人工	制造费用	成本合计
库存商品	第一车间	340	62 900	11 900	7 140	81 940
	第二车间	340		6 800	3 400	10 200
总成本合计			62 900	18 700	10 540	92 140
单位成本			185	55	31	271

根据上述产成品成本汇总表和产品交库单，编制如下会计分录：

借:库存商品——A 产品　　92 140

　贷:基本生产成本——第一步骤 A 产品　　81 940

　　基本生产成本——第二步骤 A 产品　　10 200

四、逐步结转分步法与平行结转分步法的区别

逐步结转分步法与平行结转分步法比较，主要有以下几个方面的区别：

1. 成本管理的要求不同

作为产品成本计算的分步法，逐步结转分步法和平行结转分步法都适用于管理上要求分步控制费用、计算成本的大量大批多步骤生产。但是，采用逐步结转分步法，各生产步骤逐步计算并结转半成品成本，它适用于管理上要求分步控制费用，且需要计算半成品成本的企业。采用平行结转分步法，各生产步骤只归集本步骤发生的费用，不计算半成品成本，它适用于管理上要求分步控制费用，不要求计算半成品成本的企业。当企业有自制半成品对外销售时，为了正确计算半成品的销售成本，在管理上必然要求计算半成品成本，这时，应当采用逐步结转

分步法。当企业半成品种类比较多，且不对外销售时，在管理上可以不要求计算半成品成本。这样，采用平行结转分步法，既可以分步控制成本和费用，又可以简化和加速成本计算工作。

2. 成本计算对象不同

逐步结转分步法和平行结转分步法都需要计算库存商品成本，因此，都需要以库存商品的品种作为成本计算对象。但是，逐步结转分步法还需要以各步骤生产的半成品作为成本计算对象。而平行结转分步法则需要以各步骤计入库存商品成本的“份额”作为成本计算对象。

3. 成本计算的程序不同

逐步结转分步法中，库存商品成本的计算是从第一步骤开始的，先计算出第一步骤完工半成品成本，并将其转入第二步骤；然后再计算出第二步骤完工半成品成本，并将其转入第三步骤。依次类推，直至最后步骤计算出完工库存商品成本。而平行结转分步法是先计算出各步骤生产费用应计入库存商品成本的“份额”，然后将其汇总，从而计算出库存商品成本。

4. 月末在产品的含义不同

逐步结转分步法中，月末在产品的含义是狭义的，仅仅是指月末正在本步骤中加工的尚未完工的在制品。而平行结转分步法中，月末在产品的含义是广义的，它不仅包括月末正在本步骤中加工的尚未完工的在制品，还包括本步骤完工转入后续步骤进一步加工而结存于后续步骤的月末在产品和本步骤完工转入半成品库而结存于半成品库的月末半成品。

项目四

产品成本计算的辅助方法

工作任务

1. 掌握分类法、定额法的成本计算程序。
2. 理解分类法、定额法的适用范围。

技能目标

1. 依据企业的不同环境选择相应的成本计算方法。
2. 熟练应用分类法、定额法解决企业的成本计算。

任务一　运用分类法计算产品成本

一、分类法概述

产品成本计算的分类法是品种法的发展和延续，该方法是按产品类别作为成本核算对象，归集生产费用，计算产品成本的一种方法。分类法先计算各类别产品成本，再按一定的分类标准，计算和分配类内各种产品成本。分类法一般适用于产品品种、规格较多，且可以按照一定标准划分为若干类别的企业。

二、分类法计算产品成本的程序

分类法的计算程序如下：

1. 划分产品类别，计算各类产品成本

以产品的类别作为成本计算对象，设置产品成本计算单，归集各类产品的生产耗费。首先，对产品进行合理的分类，如可以按生产工艺、产品规格、产品用途等进行划分；其次，按产品的类别和规定的成本计算项目设置产品成本明细账，按类归集生产费用，计算各类产品成本。

2. 确定标准产品，计算类内产品系数

在采用系数分配法时，首先要确定标准产品，一般在类内产品中选择一种产量大、生产稳定、规格适中的产品作为标准产量；然后，将标准产品的单位系数确定为“1”；最后，将类内其他产品的分配标准额与标准产品分配标准额相比，计算出其他产品的分配标准额与标准产品的分配标准额的比率，即“系数”。

$$系数=\frac{该种产品的分配标准(定额成本、售价等)}{标准产品的分配标准(定额成本、售价等)}$$

3. 根据类内产品系数和实际产量，计算标准产量

在每一种产品的系数确定后，将类内各产品的实际产量与该产品的系数相乘，折算为标准产量(或称总系数)。标准产量的计算公式如下：

某种产品标准产量＝该种产品的实际产量×该种产品单位产品系数

4. 计算类内产品生产成本

根据标准产量，计算类内产品耗费分配率，进而计算类内各种产品的实际成本的单位成本。费用分配率和某种产品应分配的成本公式如下：

$$费用分配率=\frac{该类别完工产品的总成本(分成本项目)}{各种产品标准产量之和}$$

某种产品应分配的成本＝该种产品的标准产量×费用分配率

三、分类法的实际应用

臣曦公司按分类法进行核算，月末计算出各类产品的实际总成本，其中甲类产品的成本及有关资料见表 4－1 和表 4－2，该类产品以各种产品的售价作为分配标准。

表 4－1　　**分类产品成本计算单**

产品类别：甲类　　2017 年 8 月 27 日　　金额单位：元

项目	直接材料	直接人工	制造费用	合计
月初在产品	800	200	400	1 400
本月发生费用	19 200	800	2 000	22 000
合计	20 000	1 000	2 400	23 400
月末在产品成本	1 700	500	1 600	3 800
本月完工产品成本	18 300	500	800	19 600

表 4－2　　**甲产品有关资料**

产品类别	产品型号	本期实际产量(件)	单位售价(元)
甲类	D1	500	8
	D2	600	10
	D3	800	12

根据表 4－1 和表 4－2 资料，甲类产品成本的分配如下：

1. 计算单位产品的系数

选择售价适中的 D2 为标准产品，将 D2 产品单位系数设为“1”，则：

D1 产品的系数＝8÷10＝0.8

D3 产品的系数＝12÷10＝1.2

2. 计算某种产品的标准产量

D1 产品的标准产量＝0.8×500＝400

D2 产品的标准产量＝1×600＝600

D3 产品的标准产量＝1.2×800＝960

所有产品的标准产量＝1 960

3. 计算费用分配率

费用分配率＝19 600÷1 960＝10(元)

4. 计算各种产品应分配的成本

D1 产品的成本＝10×400＝4 000(元)

D2 产品的成本＝10×600＝6 000(元)

D3 产品的成本＝10×960＝9 600(元)

各种产品的总成本为:19 600 元

以上分配结果见表 4－3。

表 4－3　　**产品成本计算表**

类别:甲类　　2017 年 8 月 27 日　　单位:元

产品型号	产量(件)	折合系数	总系数	完工产品总成本	费用分配率	各种型号产品总成本	单位成本
D1	500	0.8	400			4 000	8
D2	600	1	600			6 000	10
D3	800	1.2	960			9 600	12
合计			1 960	19 600	10	19 600	

任务二　运用定额法计算产品成本

一、定额法概述

定额法是企业为了加强定额管理和成本控制,以产品的定额成本为基础,加减脱离定额差异、材料成本差异和定额变动差异来计算产品实际成本的一种成本计算辅助方法。定额法适用于定额管理制度比较全面、定额管理工作基础较好、产品生产已定型、消耗定额比较稳定准确的企业。

在定额法下,产品实际成本的计算公式如下:

产品实际成本＝定额成本±脱离定额差异±材料成本差异±定额变动差异

1. 定额成本

企业根据现行材料消耗定额、工时定额、费用定额以及其他有关资料计算的一种成本控制目标。

2. 脱离定额差异

产品生产过程中各项实际发生的生产耗费脱离现行定额的差异。

3. 材料成本差异

产品生产耗费脱离定额差异的一部分。

4. 定额变动差异

定额自身由于修订定额而产生的新旧定额之间的差异，是定额自身的变动，与生产耗费支出的变动无关。

二、定额法计算产品成本的程序

（一）计算定额成本

企业采用定额法计算产品成本，首先要制定产品的原材料、动力、工时等消耗定额，再根据各项消耗定额和原材料的计划单价、计划的直接人工费用率、制造费用率等资料，计算产品的各项费用定额和产品的单位定额成本。

直接材料费用定额＝产品原材料消耗定额×原材料计划单价

直接人工费用定额＝产品生产工时定额×计划直接人工费用率

制造费用定额＝产品生产工时定额×计划制造费用率

（二）计算脱离定额差异

1. 直接材料费用脱离定额差异的核算

（1）限额法。采用定额法计算产品成本时，为了加强材料费用的控制，企业应当实行“限额领料单”制度。符合定额的原材料应当根据“限额领料单”领用，超过限额的领料，应当填制专设的超额领料单等差异凭证。在一般情况下，领料差异不等于耗料差异。采用限额法计算本期原材料消耗时，计算公式如下：

本期原材料定额消耗量＝本期投产产品数量×单位定额消耗量

本期原材料实际消耗量＝本期领用原材料数量＋期初结余原材料数量－期末结余原材料数量

本期原材料脱离定额差异＝（本期原材料实际消耗量－本期原材料定额消耗量）×原材料计划单价

（2）切割核算法。为了更好地控制用料差异，对于类似板材等需要切割才能使用的材料，可以通过“材料切割核算单”计算材料脱离定额的差异，控制用料。“材料切割核算单”按切割材料的批别开立，单内填明切割材料的名称、数量、消耗定额和应切割的毛坯数量。切割完成后，填写实际切割的毛坯数量、退料、废料数量和材料实际消耗量。根据切割的毛坯数量和消耗定额，计算材料的定额耗用量后，与实际耗用量比较，确定脱离定额的差异，并注明发生差异的原因。

（3）定期盘存法。定期盘存法是通过定期（每天、每周或每月）盘点的方法来核算材料定额成本和脱离定额的差异，其计算步骤如下：

①根据完工产品数量和在产品盘存数量确定本期投产数量。

本期产品投产数量＝本期完工产品数量＋期末在产品数量－期初在产品数量

②根据原材料消耗定额计算产品原材料的定额消耗量。

材料定额消耗量＝本期产品投产数量×材料消耗定额

③根据材料的定额领料凭证、差异凭证和盘存资料，计算材料的实际耗用量。

材料实际耗用量＝材料期初结存量＋本期期初结存量＋本期耗用量－本期退货量－材料期末结存量

④计算原材料脱离定额的差异。

直接材料脱离定额差异＝（该材料实际耗用量±该材料定额耗用量）×该材料计划单价

2. 直接人工脱离定额差异的核算

直接人工脱离定额差异的计算根据工资形式的不同，采用不同的工资差异核算方法。工资形式可以分为计件工资和计时工资。在计件工资形式下，按计件单价支付的工资就是定额工资；在计时工资形式下，只有在月末实际生产工人工资总额确定后才能计算工资定额差异。具体而言，直接人工脱离定额差异的计算可以分为以下两类：

(1)生产工人工资直接计入产品成本。

某产品生产工人工资定额差异＝该种产品实际生产工人工资－该种产品实际产量×单位产品定额工资

(2)生产工人工资按实际工时比例计入产品成本。

某种产品生产工人工资定额差异＝该种产品实际产量的实际生产工时×实际单位小时工资－该产品实际产量的定额工时×计划单位小时工资

实际单位小时工资＝某车间实际生产工人工资总额÷某车间实际生产工时总额

计划单位小时工资＝某车间计划产量的定额生产工人工资总额÷某车间计划产量的定额生产工时总额

3. 制造费用脱离定额差异的核算

制造费用是间接费用，不能在费用发生时直接按产品确定其脱离定额的差异，其差异额一般是在月末实际费用分配到产品之后才能确定。其计算公式如下：

某产品制造费用定额差异＝该产品实际产量的生产工时×实际单位制造费用－该产品实际产量的定额工时×计划单位制造费用

实际单位制造费用＝某车间实际制造费用总额÷某车间实际生产工时总额

计划单位小时工资＝某车间计划制造费总额÷某车间计划产量的定额生产工时总额

(三)计算材料成本差异

在定额法下，为了加强对产品成本的考核和分析，材料日常核算都按计划成本进行。即材料定额成本和材料脱离定额差异，都按材料的计划单位成本计算。因此，在月末计算产品实际成本时，还必须将材料的计划单位成本调整为实际单位成本，计算公式如下：

某种产品应分配的直接材料成本差异＝(该产品的直接材料定额费用±直接材料脱离定额差异)×原材料成本差异分配率

(四)计算定额变动差异

定额变动差异，是修改消耗定额而产生的新旧定额之间的差额，与生产费用支出的节约与超支无关，是定额本身变动的结果。一般情况下，新定额往往在年初或月初实施，当月投产产品的定额费用，都按新定额计算，如果有月初在产品，其成本是按原定额计算的，只有将其定额成本按新定额调整后，才能与本月投产产品的定额成本相加。为此，就必须按成本项目计算定额变动差异，该差异不仅要调整月初在产品定额成本，还要调整本月产品成本。

项目五

成本报表的编制与分析

工作任务

1. 了解成本报表的种类、结构和编制方法。
2. 熟悉成本报表的编制要求。
3. 了解成本分析的意义。
4. 理解各种成本分析的方法。

技能目标

1. 能编制产品生产成本表并进行分析。
2. 能编制主要产品单位成本表并进行分析。

任务一　学习引导

成本报表作为对内报表，是企业内部管理人员掌握的第一手资料，所反映的内容必须有效可靠。会计人员在编制成本报表时应明确管理者所需要的成本会计信息，并以此作为编制成本报表的方向，会计人员在报送成本报表时应一切从本企业的实际情况出发，按管理者的要求编制，满足其对企业经营管理的需要，不必太拘泥于形式，要突出管理者所要求反映的内容。成本分析也是成本管理的重要环节，企业管理人员依据成本报表所提供的信息进行分析就是为了不断总结成本管理的经验，掌握成本变化的规律性，进而采取有效的措施，不断降低成本。

成本报表和成本分析两者密切结合，环环相扣，以便管理者在对成本报表提供的成本情况进行分析时，可以发现成本会计工作中存在的问题，揭示成本差异对成本升降的影响程度，寻找产生成本差异的原因及关键影响因素，实现降低成本的目标，从而有利于改善企业的经营管理，增强企业竞争实力，加快社会前进步伐，合理节约、有效利用资源。

一、成本报表概述

(一)成本报表的概念

成本报表作为企业内部报表中的主要报表，是根据成本管理的需要，依据企业日常成本核算资料定期或不定期编制的，反映企业耗费和产品成本的构成及其升降变动情况，用以考核和分析企业成本费用计划执行结果的书面报告。编制和分析成本报表是成本会计日常工作的一项重要内容。

（二）成本报表的特点

成本报表是企业内部为成本管理服务的报表，其主要特点有以下几点：

1. 满足内部需要

成本报表主要是为企业内部管理服务，为企业管理者、成本责任者提供成本信息，因而又被视作为企业的商业秘密，一般来说是不对外公布的。管理者通过观察、分析、考核成本的动态变化，有利于控制计划成本目标的实现和为企业进行成本预测、决策和修订成本计划提供重要依据。

2. 编报不定时

对外报表一般都是定期的编制和报送，并规定在一定时间内必须报送。而内部成本报表主要是为企业内部成本管理服务，所以，内部成本报表可以根据内部管理的需要适时地、不定期地进行编制，使成本报表及时地反映和反馈成本信息，揭示存在的问题，促使有关部门和人员及时采取措施，改进工作，提高服务效率，控制费用的发生，达到节约目的。

3. 内容灵活

成本报表主要是对内提供报表，因而它不拘泥于统一的格式和完整的内容。外部报表的格式和内容一般由国家统一规定，而且内容上强调完整性。如四大主表，都是严格地按照统一的格式和内容来编排，不能任意改动。而成本报表属于内部报表，不受企业外部的种种因素的制约和影响，可以根据本企业的生产工艺特点、生产组织形式和企业的成本管理要求来确定报表采用何种的格式、应填列哪些内容等，并且还可以根据客观因素的变化，随时进行适时的修改和调整。

4. 按生产经营组织体系上报

内部成本报表是根据企业生产经营组织体系逐级上报，或者是为解决某一特定问题的权责范围内进行传递，使有关部门和成本责任者及时掌握成本计划目标执行的情况，揭示差异，查找原因和责任，评价内部环节和人员的业绩。而对外报表一般是按时间编报的，目前主要是报送财政、银行和主管部门。

成本报表作为对内报表，与现行会计制度规定的对外报表（财务报表）相比，具有以下特点，如表5－1所示。

表5－1　　成本报表的特点（与企业财务报表相比）

区别	财务报表特点	成本报表特点
在服务对象上	为企业外部的会计信息使用者服务，属于外部报表	为企业内部经营管理者服务，属于内部报表
在种类、内容、格式和编制方法、编报时间、报送对象上	因为种类、内容、格式和编制方法、编报时间、报送对象等都由国家作出统一规定和说明，不得随意变动，具有统一性，各个企业财务报表差异小	都由企业自行决定，并可根据企业的实际情况不断进行修改和调整，具有灵活性与多样性，即各个企业成本报表各不相同，就是同一企业在不同时期的成本报表也可能会因为进行修改和调整而有所不同
在内容要求上	全面性	要求专题性、针对性
在编报时效上	定期编报	定期与不定期编报相结合，可以根据需要适时地不定期地编报，更具时效性与灵敏性

续表

区别	财务报表特点	成本报表特点
在设置的指标及包含的信息上	一般设置货币指标，主要包含会计核算信息资料	不仅设置货币指标，还设置大量反映成本费用消耗的数量指标，是会计核算资料与技术经济资料相结合的产物，包含了各个方面的信息，更具有综合性

（三）成本报表的种类

成本报表的种类和格式不是由国家统一会计制度规定的，成本报表具有灵活性和多样性的特点。但就生产性企业来说，一般可以按以下标志分类：

1. 按照编制的时间分

（1）定期报表，产品生产成本表、主要产品单位成本表、制造费用明细表、管理费用明细表、销售费用明细表、财务费用明细表等就属于定期成本报表。

（2）不定期报表，这类报表是针对成本管理中出现的某些问题或急需解决的问题而随时按要求编制的。有关成本费用表等就属于不定期成本报表。

2. 按报表反映的内容分类

（1）反映成本计划执行情况的报表，全部产品生产成本表、主要产品单位成本表等就属于这类报表。

（2）反映费用支出情况的报表，像制造费用明细表、财务费用明细表、管理费用明细表、销售费用明细表等就属于这类报表。

（3）反映生产经营情况的报表，如生产情况表、材料耗用表、材料差异分析表、质量成本表等就属于这类报表。

3. 按编制的范围分类

企业成本报表有产品生产成本表、主要产品单位成本表、制造费用明细表、管理费用明细表、销售费用明细表、财务费用明细表等。而制造费用明细表、生产情况表、质量成本表等报表可以是企业成本报表，也可以是车间、班组、个人责任成本报表。

（四）成本报表的作用

首先，通过成本报表分析，可以揭示影响产品成本指标和费用项目变动的因素和原因，有利于日常成本控制工作的有效进行，从生产技术、生产组织和经营管理等各个方面挖掘和动员节约费用支出和降低产品成本的潜力，提高企业生产耗费的经济利益。

其次，成本报表提供的实际产品成本和费用支出的资料，不仅可以满足企业车间和部门加强日常成本、费用管理的需要，而且可以为企业进行成本、利润的预测、决策提供信息。

除此之外，利用成本报表上所提供的资料，经过有关指标计算、对比，可以明确各有关部门和人员在执行成本计划、费用预算过程中的成绩和差距，以便总结工作的经验和教训，奖励先进，鞭策后进，调动广大职工的积极性；对于有主管部门的企业，将成本报表报送上级主管部门，既有利于主管部门了解所属企业整体的成本水平，又有利于同行业间各企业的交流对比。

（五）成本报表的编制要求

1. 内容真实、数字准确、资料可靠

成本报表要以真实、完整、及时的有关资料来进行编制，具体应当包括报告期的成本账簿资料，本期成本计划及费用预算等资料，以前年度的会计报表资料，企业有关的统计资料和其他资料等。企业只有精心设计好成本报表的种类和格式、指标内容和填制方法，合理规定好成本报表的编制时间和报送范围，及时提供内部管理必需的，真实、准确、完整的，具有实用性和针对性的成本信息，才能充分发挥成本报表的作用，企业应该按照一定的要求正确编制各种成本报表。成本报表中的各项数据必须真实、可靠，不能任意估计，更不允许弄虚作假，篡改数字。

2. 报表的内容要明晰、完整

企业的主要报表种类应该齐全，应填列的报表指标和文字说明必须全面，表内项目和表外补充资料应当完整无缺；注意保持各成本报表计算口径一致；对近期报送的主要成本报表，还应该有分析、说明生产成本和费用升降情况、原因、措施的文字材料。

3. 编报及时

成本报表有些定期编制，有些不定期编制，无论是定期编制还是不定期编制，都要求及时编制，及时反馈。

二、成本报表分析及方法

（一）成本分析

成本分析是利用成本核算及其他相关资料，对成本水平及其构成的变动情况进行分析和评价，以揭示影响成本升降的各种因素及其变动的原因，寻找降低成本的潜力。企业进行成本分析，就是为了改进企业内部生产经营管理，节约生产耗费降低成本，提高经济效益。通过成本分析，可以检查企业成本计划的完成情况，分析原因，并对成本计划本身和成本计划执行结果进行评价，发现成本管理中存在的问题并改正，总结经验教训为以后的成本管理服务。同时，还可以明确生产各部门各环节的成本管理责任，有利于考核和评估其管理业绩。最终，通过成本分析可促使企业不断降低成本，节约费用，从而提高产品在市场上的竞争力。

（二）成本分析的方法

成本分析的方法是完成成本分析目标的重要手段，通常采用的技术方法有比较分析法、比率分析法和因素分析法等。

1. 比较分析法

比较分析法，是通过将两个有内在联系的可比的经济指标在时间上和空间上进行相减对比分析的一种方法。通过比较分析，可以确定差异、评价业绩、掌握动态、寻求潜力，达到降低成本、提高经济效益的目的。

在进行具体指标比较分析时，分析者可以根据目的，选择对比的基期数字，可以是本企业本期和历史各期。主要有以下几种形式：

(1)实际数与计划数对比。主要了解企业计划完成情况，找出脱离计划的差距和产生差距的原因。

(2)报告期实际数与基期实际数据对比。基期实际数据可以是本企业上期、上年同期或历史上最好水平。主要是要了解企业成本动态变化，找出差距，总结经验，进而改进企业成本管理工作。

(3)企业与同类先进企业的相同指标实际数据相对比。主要是了解企业与国内外先进企业之间的差距，以便采取措施，挖掘潜力，提高企业在同行业中的竞争力。

比较分析法是一种绝对数分析法，一般适用于同类型企业、同类指标进行对比分析。采用此法进行成本分析时，必须注意指标间的可比性，注意指标计算的口径，计价的基础是否一致等。在进行与同类先进企业进行对比时，要注意它们在技术经济上的可比性。

2. 比率分析法

比率分析法实质上也是一种比较分析法，是相对数指标的实际数与基数的对比分析。分析的内容、要求不同，计算出来进行比较的比率也不同，主要有以下几种：

(1)相关指标比率分析法，就是计算两个性质不同而又相关的指标的比率(即相对数)，进行数量分析的一种方法。

(2)构成比率分析法，又称结构比率，是指某项指标的各个组成部分占总体的比重，故构成比率分析法也称为比重分析法，即通过计算部分与全部的比率进行数量分析的一种方法。

(3)动态比率分析法，动态比率分析法也叫趋势分析法，是通过对连续若干期相同指标数值(这里的相同指标可以是绝对数指标，如成本、利润等，也可以是相对数指标，如产值成本率、成本利润率等)的动态比较，来分析该指标的增减速度以及发展变化趋势，从而发现企业在生产经营方面取得的成绩或存在的不足的一种分析方法。采用的基期数值不同，计算出来的动态比率也不同。在进行动态比较时，本期的实际指标若是与固定不变的某期的基数指标进行对比，称为定比，求得的指标就是定基指数；本期的实际指标若是分别与上一期的指标对比，称为环比，求得的指标就是环比指数。

3. 因素分析法

因素分析法就是把某一综合经济指标分解，为了突出各个因素对这一综合经济指标的影响方向、影响程度和影响水平，从中抓住主要矛盾找出解决问题的关键所在。具体的因素分析法有连环替代法、差额计算法等。

(1)连环替代法。连环替代法的基本原理就是从计划水平(基期水平)出发，把各影响因素的计划数(基期数)顺次地用实际数(报告期数)来替代，有几个影响因素就替换几次，每替代一次均与替代前相比较，从而说明被替代的这个因素对综合指标的影响程度，形成一个连环替代，连环相减。然而，这个基本原理的成立是建立在两个假设基础之上的：其一，假设某一综合经济指标的各构成因素之间是根据综合经济指标与各构成因素之间的内在经济关系并按照一定的先后顺序结合在一起的；其二，假设在测定其中某一因素对综合经济指标的影响值时，其他因素不变。

连环替代法进行因素分析的一般程序如下：

第一，确定综合经济指标与各构成因素之间内在的经济关系。

第二，根据各影响因素与综合指标之间关系的密切程度以及影响因素之间内在的逻辑关系，确定正确的替代顺序。

第三，根据影响因素的计划数(基期水平)，计算综合指标的计划数(基期水平)。

第四，用每个影响因素的实际数值(报告期数值)代替计划数值(基期数值)，有几个因素就替代几次。每次替代后都要计算出替代值，并将各次替代值与替代前的指标数值相减，两者的差额就是该因素对综合经济指标增量的影响程度。

第五，影响因素的影响值相加，就是综合经济指标的增量。

某企业资料如表5—2所示。

表5—2　　　　**案例相关资料**

项目	单位	计划数	实际数	差异
产品产量	件	90	100	+10
单位产品材料消耗量	千克	32	30	−2
材料单价	元	16	19	+3

续表

项目	单位	计划数	实际数	差异
材料费用总额	元	46 080	57 000	+10 920

我们知道，材料费用总额受产品产量、单位产品材料消耗量、材料单价三个因素的影响，并有下列经济关系存在：

材料费用总额＝产品产量×单位产品材料消耗量×材料单价

由表5－2可知，材料费用总额的实际数比计划数增加10 920元（57 000－46 080），这一差异的产生，是因为产量、单位产品材料消耗量、材料单价三个因素综合影响的结果。现将分析过程列表如表5－3所示。

表5－3　分析过程

	影响因素	替代值	因素变动材料费用总额的影响值
材料费用总额＝90×32×16＝46 080（元）	用产品产量的实际数替代其计划数	100×32×16＝51 200（元）	51 200－46 080＝5 120（元）
材料费用总额＝100×32×16＝51 200（元）	用单位产品材料消耗量的实际值替代计划数	100×30×16＝48 000（元）	48 000－51 200＝－3 200（元）
材料费用总额＝100×30×16＝48 000（元）	用材料单价的实际值替代计划数	100×30×19＝57 000（元）	57 000－48 000＝9 000（元）
各因素影响值之和			5 120＋（－3 200）＋9 000＝10 920（元）

（2）差额计算法。差额计算法的思路是先计算出综合指标的各影响因素的实际值与计划数之间的差异，然后按事先的替代顺序依次计算出各因素变动对综合指标的影响。现应用该方法对上述资料进行分析如下：

首先，确定分析因素：

实际材料费用总额－计划材料费用总额＝57 000－46 080＝10 920（元）

其次，测定各因素影响：

①产量变动的影响＝（＋10）×32×16＝＋5 120（元）

②单位产品材料消耗量的影响＝100×（－2）×16＝－3 200（元）

③材料单价变动的影响＝100×30×（＋3）＝＋9 000（元）

各因素影响总额＝5 120＋（－3 200）＋9 000＝＋10 920（元）

差额计算法由于计算简便，所以在影响因素较少时，有广泛的使用价值。

任务二　产品生产成本报表的编制与分析

一、产品生产成本报表的编制

（一）产品生产成本报表的含义

产品生产成本报表是反映企业在报告期内生产全部产品（包括可比产品和不可比产品）的

总成本以及各种主要产品的单位成本和总成本的报表。该表一般分为两种，一种按产品种类反映，另一种按成本项目反映。

（二）产品生产成本报表的结构

1. 按产品种类反映的产品生产成本报表的结构

按产品种类反映的产品生产成本表，是按产品种类汇总反映企业在报告期内生产的全部产品的单位成本和总成本的报表。该表将全部产品分为可比产品和不可比产品，列示各种产品的单位成本、本月总成本、本年累计总成本。

可比产品是指以前年度正式生产过，具有较完备的成本资料的产品。不可比产品是指以前年度没有正式生产过，因而也没有完备的成本资料的产品以及去年试制成功今年正式投产的产品。

2. 按成本项目反映的产品生产成本报表的结构

按成本项目反映的商品产品成本表，是按成本项目汇总反映企业在报告期内发生的全部生产费用以及商品产品生产总成本的报表。

该表可以分为生产费用和生产成本两部分。

（三）产品生产成本报表的编制

1. 按产品种类反映的产品生产成本报表的编制

该表是按产品种类汇总反映企业在报告期间内生产的全部商品产品的单位成本和总成本的报表。

该表一般可以分为实际产量、单位成本、本月总成本和本年累计总成本四部分。其格式如表5—4所示。

表5—4　　产品成本表（按产品种类反映）

产品名称	计量单位	本年计划产量	实际产量		单位成本				本月总成本			本年累计总成本		
			本月	本年累计	上年实际平均	本年计划	本月实际	本年累计实际平均	按上年实际平均单位成本计算	按本年计划单位成本计算	本月实际	按上年实际平均单位成本计算	按本年计划单位成本计算	本年实际
		(1)	(2)	(3)	(4)	(5)	(6)=(10)/(2)	(7)=(13)/(3)	(8)=(2)×(4)	(9)=(2)×(5)	(10)	(11)=(3)×(4)	(12)=(3)×(5)	(13)
可比产品														
甲产品	台	1 000	150	1 050	500	460	480	430	75 000	69 000	72 000	525 000	483 000	451 500
乙产品	台	630	100	550	620	600	610	500	62 000	60 000	61 000	341 000	330 000	275 000
小计									137 000	129 000	133 000	866 000	813 000	726 500
不可比产品														
丙产品	台	300	50	350		300	400	420		15 000	20 000		105 000	147 000
小计														
全部商品产品成本										144 000	153 000		918 000	973 500

（1）按产品种类反映的商品产品成本表，一般将全部产品分为可比产品和不可比产品两大类，填列在“产品名称”栏内。所谓可比产品，是指企业上一年度正式生产过，具有上年成本资料可供比较的产品。所谓不可比产品，是指企业上一年度没有正式生产过，没有上年或前期成

本资料可供比较的产品。

(2)“实际产量”栏，一般可分为“本月”和“本年累计”两小栏，分别填列本月和从年初至本月末止各种商品产品的实际产量，可根据“成本计算单”或“库存商品明细账”的记录计算填列。

(3)“单位成本”栏，一般分为四小栏：①“上年实际平均”栏可根据上年12月份本表所列的各种本年度继续生产的可比产品“本年累计实际平均单位成本”资料填列，用以反映可比产品上年实际平均单位成本；②“本年计划”栏应根据本年成本计划的有关数据填列，用以反映各商品产品的本年计划单位成本；③“本月实际”栏，可直接根据各产品的本月“成本计算单”填列或按表5—4所列公式(6)=(10)/(2)计算填列，用以反映各产品本月实际单位成本；④“本年累计实际平均”栏，应根据表5—4所列公式(7)=(13)/(3)计算填列。

(4)“本月总成本”栏，一般可分为三小栏：①“按上年实际平均单位成本计算”栏，应根据表5—4所列公式(8)=(2)×(4)，将各可比产品的上年实际平均单位成本乘以本月实际产量计算填列，用以反映按上年实际平均单位成本计算的本月总成本；②“按本年计划单位成本计算”栏，可按照表5—4所列公式，将各产品的本年计划单位成本乘以本月实际产量计算填列，反映本月各产品的计划总成本；③“本月实际总成本”栏，可根据本月各产品“成本计算单”资料填列。

(5)“本年累计总成本”栏一般可分为三小栏：①“按上年实际平均单位成本计算”栏与②“按本年计划单位成本计算”栏，数据均以本年累计实际产量为依据，分别乘以上年实际平均单位成本或本年计划单位成本，即按表5—4所列公式计算填列；③“本年实际”栏，应根据上月本表的“本年实际”栏与本月本表的“本月实际总成本”栏相加之和填列，反映本年实际累计成本。

2. 按成本项目反映的产品生产成本报表的编制

该表是按产品成本项目的汇总反映企业在报告期内发生的全部生产费用以及商品产品生产总成本的报表。该报表的项目一般可为分：生产费用和商品产品生产成本两部分。其中生产费用部分应按照产品成本项目分别反映报告期内发生的直接材料费用、直接人工费用和制造费用部分以及生产费用合计数；商品产品生产成本部分是在生产费用合计数的基础上，加上在产品和自制半成品的期初余额，减去在产品和自制半成品的期末余额，计算商品产品生产成本合计数。该报表的栏目共四栏：“上年实际”“本年计划”“本月实际”和“本年累计实际”。其中“本月实际”栏可以根据本月各产品成本计算单中各相应的产品成本项目汇总填列；“本年累计实际”栏应根据上月本表的“本年累计实际”数据加上“本月实际”相应数据之和填列；至于“上年实际”栏即本表上年12月份的“本年累计实际”栏，“本年计划”应根据相应的计划资料填列。如表5—5所示。

表5—5　　商品产品成本表(按成本项目反映)　　单位：元

成本项目	上年实际	本年计划	本月实际	本年累计实际
生产费用				
直接材料费用	360 000	400 000	38 250	356 350
直接人工费用	200 050	201 500	20 700	200 000
制造费用	231 350	240 000	28 750	260 530
生产费用合计	791 400	841 500	87 700	816 880
加：在产品、自制半成品期初余额	7 650	18 800	48 680	16 750

续表

成本项目	上年实际	本年计划	本月实际	本年累计实际
减:在产品、自制半成品期初余额	10 650	20 800	50 950	47 000
商品产品生产成本合计	788 400	839 500	85 430	786 630

3. 商品产品成本表(按产品性态反映)编制

该表是按成本性态将产品成本分解为变动成本和固定成本,再分别按变动成本和固定成本汇总反映企业在报告期内全部商品产品的成本报表。该报表的成本项目分变动成本与固定成本两部分,其中变动成本由直接材料费用、直接人工费用和变动制造费用三项组成;而固定成本仅指固定制造费用。该报表也可分为"上年实际""本年计划""本月实际""本年累计实际"四栏,其填列方法与按成本项目反映的相近,在此就不一一概述,具体格式见表5—6。

表5—6　　商品产品成本表(按成本性态反映)　　单位:元

成本项目	上年实际	本年计划	本月实际	本年累计实际
变动成本				
直接材料费用	354 627	397 500	37 624	345 420
直接人工费用	200 840	210 450	21 005	173 950
变动制造费用	101 765	100 650	10 756	103 562
变动成本小计	657 232	708 600	69 385	622 932
固定成本				
固定制造费用	160 170	145 695	16 500	150 068
商品产品成本合计	817 402	854 295	85 885	773 000

二、产品生产成本报表的分析

产品生产成本报表的分析主要是成本计划完成情况分析,成本计划完成情况分析指对商品产品成本计划以及可比产品成本计划完成情况进行总的分析和评价。

(一)全部商品产品成本计划完成情况分析

此项分析,是将全部商品产品成本按产品的品种汇总,将实际成本与计划成本对比,确定每种产品的成本降低情况。

成本降低额=计划总成本−实际总成本=实际产量×计划单位成本−实际总成本

成本降低率=成本降低额/计划总成本

(二)可比产品成本降低计划完成情况分析

1. 可比产品成本降低计划完成分析

根据全部可比产品和各种可比产品的本月实际总成本和本年累计实际总成本,分别与按上年实际平均单位成本计算的本月总成本和本年累计总成本进行比较,确定全部的可比产品和可比产品本期实际成本与上年实际成本的差异,了解成本升降程度的情况。

可比产品成本实际降低额=全部可比产品的实际产量按上年实际单位成本计算的总成本−实际总成本

=实际产量×上年实际单位成本−实际总成本

=实际产量×（上年实际单位成本－本年实际单位成本）

可比产品实际成本降低率=实际降低额/（实际产量×上年实际单位成本）×100%

可比产品成本计划降低额=计划产量×（上年实际单位成本－本年计划单位成本）

可比产品计划成本降低率=计划降低额/（计划产量×上年实际单位成本）×100%

2. 影响可比产品成本降低任务完成的因素

可比产品的成本计划降低额和降低率是根据各种产品的计划产量确定的，实际降低额和降低率是根据实际产量计算的。因此，在产品品种结构和比重及产品单位成本不变的情况下，产量增减会和成本降低额同比例增减；但由于按上年实际平均单位成本计算的本年累计总成本也发生了同比例的增减，因而不会使成本降低率发生变动。产品单位成本的变动，则会影响成本降低额和降低率同时变动。产品单位成本降低使成本降低额和降低率增加；反之，则减少。此外，由于各种产品的成本降低程度不同，因而产品品种结构的变化，也会影响成本降低额和降低率同时变动。成本降低程度大的产品比重增加会使成本降低额和降低率增加，反之会减少。

(1)产量变动的影响。

单纯产量变动只影响成本降低额，不影响成本降低率。

产量变动对成本降低额的影响=产量增减百分比×计划降低额

$=\sum$（实际产量×上年实际单位成本）×计划降低率

$-\sum$（计划产量×上年实际单位成本）×计划降低率

(2)产品品种变动的影响。

品种结构变动对成本降低额的影响=按实际产量实际品种调整后的计划降低额

－按实际产量调整后的计划降低额

按实际产量实际品种调整后的计划降低额=实际产量×（上年实际单位成本

－计划单位成本）

品种结构变动对成本降低率的影响=按实际产量实际品种调整后的计划降低率

－计划降低率

(3)单位成本变动的影响。

单位成本变动对成本降低额的影响=实际成本降低额－按实际产量实际品种调整后的计划降低额

$=\sum$ 实际产量×（计划单位成本－实际单位成本）

单位成本变动对成本降低率的影响=单位成本变动对成本降低额的影响/$\sum$（实际产量×上年实际单位成本）

任务三　主要产品单位成本表的编制与分析

一、主要产品单位成本表的编制

(一)主要产品单位成本表的含义及作用

主要产品单位成本表是反映企业在报告期内生产的各种主要商品单位成本构成情况的报

表。该表是按企业生产的主要商品产品分别编制的，是对商品产品成本表中某些主要商品产品的进一步补充说明。根据该表可以考核各种主要产品单位成本计划的执行结果，分析各成本项目和消耗定额的变化及其原因，分析成本构成的变化趋势等。

（二）主要产品单位成本表的结构

主要产品单位成本表分为上、下两部分。上半部分分别按成本项目列示历史先进水平、上年实际平均、本年计划、本月实际和本年累计实际平均的单位成本。下半部分则分别列示主要技术经济指标的历史先进水平、上年实际平均、本年计划、本月实际和本年累计实际平均的单位用量。

主要产品单位成本表的格式和内容见表5－7。

表5－7　　主要商品产品单位成本表

成本项目	历史先进水平	上年实际平均	本年计划	本月实际	本年累计实际平均
直接材料	180.56	210.45	211.65	201.60	160.50
直接人工	106.70	120.75	118.35	110.36	109.50
制造费用	130.74	140.28	130.50	145.04	130.00
生产成本合计	418.00	471.48	460.50	457.00	400.00
主要技术经济指标	耗用量（千克）	耗用量（千克）	耗用量（千克）	耗用量（千克）	耗用量（千克）
原料	23	25	27	24	22
主要材料	15	18	20	16	14
燃料					

（三）主要产品单位成本表的编制

编制主要产品单位成本表，主要依据有关产品的“产品成本明细账”资料、成本计划、历年有关成本资料、上年度本表有关资料及产品产量、材料和工时的消耗量等资料。主要产品单位成本表应按主要产品分别编制。

主要产品单位成本表各项目的填列方法如下：

(1)“成本项目”各项目：应按规定填列。

(2)“主要技术经济指标”项目：反映主要产品每一单位产量所消耗的主要原材料、燃料、工时等的数量。

(3)“历史先进水平”栏各项目：反映本企业历史上该种产品成本最低年度的实际平均单位成本和实际单位用量，根据有关年份成本资料填列。

(4)“上年实际平均”栏各项目：反映上年实际平均单位成本和单位用量，根据上年度本表的“本年累计实际平均”单位成本和单位用量的资料填列。

(5)“本年计划”栏各项目：反映本年计划单位成本和单位用量，根据年度成本计划资料填列。

(6)“本月实际”栏各项目：反映本月实际单位成本和单位用量，根据本月产品成本明细账等有关资料填列。

(7)“本年累计实际平均”栏各项目：反映本年年初至本月月末该种产品的平均实际单位成本和单位用量，根据年初至本月月末的已完工产品成本明细账等有关资料，采用加权平均计算后填列。

本表中按成本项目反映的“上年实际平均”“本年计划”“本月实际”“本年累计实际平均”的单位成本合计，应与产品生产成本表中的各该产品单位成本金额分别相等。

（四）案例分析

【例 5—1】 金星公司 2017 年 12 月份生产甲、乙、丙三种产品，其中甲产品和乙产品为可比产品，丙产品为不可比产品；可比产品全年计划成本降低率为 5.55%；甲、乙、丙三种产品的销售单价分别为 750 元、720 元、760 元。已知该公司有以下资料：

资料一：该公司三种产品的单位成本资料整理如表 5—8。

表 5—8 **各种产品单位成本资料** 单位：元

成本项目	历史先进水平		上年实际平均		本年计划		
	甲产品	乙产品	甲产品	乙产品	甲产品	乙产品	丙产品
直接材料	395	360	410	370	405	365	420
直接人工	75	62	80	70	75	65	80
制造费用	76	58	75	60	80	55	65
合计	546	480	565	500	560	485	565

资料二：该公司 1～11 月份三种产品累计的产量、总成本、平均单位成本等资料整理如表 5—9。

表 5—9 **1～11 月份各种产品产量、成本资料** 单位：元

成本项目	甲产品累计产量 460 台		乙产品累计产量 420 台		丙产品累计产量 250 台	
	累计总成本	平均单位成本	累计总成本	平均单位成本	累计总成本	平均单位成本
直接材料	181 930	395.50	155 610	370.50	105 125	420.50
直接人工	34 730	75.50	29 610	70.50	22 625	90.50
制造费用	36 110	78.50	27 510	65.50	17 625	70.50
合计	252 770	549.50	212 730	506.50	145 375	581.50

资料三：该公司 12 月份三种产品的产量、总成本、单位成本等资料如表 5—10。

表 5—10 **12 月份各种产品产量、成本资料** 单位：元

成本项目	甲产品累计产量 50 台		乙产品累计产量 45 台		丙产品累计产量 10 台	
	总成本	单位成本	总成本	单位成本	总成本	单位成本
直接材料	20 025	400.50	17 550	390	4 155	415.50
直接人工	3 275	65.50	3 600	80	855	85.50
制造费用	4 025	80.50	3 150	70.5	685	68.50
合计	27 325	546.50	24 300	540	5 695	569.50

资料四:该公司各种产品 2017 年主要技术经济指标如表 5—11。

表 5—11　各产品主要技术经济指标

项目	产品	历史先进水平	上年实际平均	本年计划	本月实际	本年累计实际平均
单位产品材料物耗:		×	×	×	×	×
1.A 材料	甲	210	215	211	208	213
2.B 材料		100	102	105	102	103
3.C 材料	乙	85	93	86	86.6	85.5
4.D 材料	丙			36	35.8	35.5
单位产品工时消耗	甲	4.8	5.2	5.5	5.4	5.3
	乙	5.5	6	5.6	5.8	5.6
	丙	×	×	8	7.9	8.2

资料五:该公司各种产品 2017 年度计划产量如表 5—12。

表 5—12　各产品 2016 年度计划产量　单位:台

产品	甲	乙	丙
计划产量	540	456	240

资料六:该公司 2017 年制造费用月度计划和上年同期实际资料见表 5—13。

表 5—13　月度计划和上年同期制造费用有关资料　单位:元

项目	职工薪酬	折旧费	办公费	水电费	机物料消耗	低值易耗品摊销	劳动保护费	租赁费	运输费	保险费	实验检验费	其他	合计
本年各月计划	1 600	1 400	700	400	600	400	1 700	780	700	470	400	320	9 470
上年同期实际	1 400	1 200	800	440	620	380	1 600	700	800	450	500	400	9 290

资料七:该公司 2017 年 1～11 月份制造费用累计实际资料见表 5—14。

表 5—14　1～11 月份制造费用累计实际资料　单位:元

项目	职工薪酬	折旧费	办公费	水电费	机物料消耗	低值易耗品摊销	劳动保护费	租赁费	运输费	保险费	实验检验费	其他	合计
本年累计实际	13 600	14 400	6 000	2 700	4 000	2 400	17 700	5 780	6 300	5 100	3 400	2 720	84 100

资料八:该公司 2017 年 12 月份制造费用实际资料见表 5—15。

表 5－15 **12 月份制造费用有关资料** 单位:元

项目	职工薪酬	折旧费	办公费	水电费	机物料消耗	低值易耗品摊销	劳动保护费	租赁费	运输费	保险费	实验检验费	其他	合计
本月实际	2 000	1 400	1 050	520	650	580	2 400	800	680	470	520	500	11 570

根据所提供的案例资料,完成该公司 2016 年 12 月份下列报表的编制:

(1)编制产品生产成本表;

(2)编制甲产品单位成本表;

(3)编制制造费用明细表。

【案例解析】

(1)编制产品生产成本表。

①根据“资料二”“资料三”有关产量资料,列报三种产品的“本月产量”和“本年累计产量”;

②根据“资料一”列报三种产品的“上年实际平均单位成本”和“本年计划单位成本”, 根据资料二、资料三列报三种产品的“本月实际单位成本”和“本年累计实际平均单位成本”;

③根据“资料一”“资料三”列报三种产品的“本月实际总成本”,并结合有关资料计算填列“按上年实际平均单位成本计算的本月总成本”和“按本年计划单位成本计算的本月总成本”;

④根据“资料一”“资料二”“资料三”列报三种产品的“本年实际总成本”,并结合有关资料计算填列“按上年实际平均单位成本计算的本年总成本”和“按本年计划单位成本计算的本年总成本”;

⑤据以上①～④的资料,完成产品生产成本表的编制,如表 5－16 所示。

表 5－16 **产品生产成本表**

编制单位:金星公司 2017 年 12 月 金额单位:元

产品名称	规格	计量单位	实际产量		单位成本				本月总成本			本年累计总成本		
			本月	本年累计	上年实际平均	本年计划	本月实际	本年累计实际平均	按上年实际平均单位成本计算	按本年计划单位成本计算	本月实际	按上年实际平均单位成本计算	按本年计划单位成本计算	本年实际
			(1)	(2)	(3)	(4)	(5)＝(9)÷(1)	(6)＝(12)÷(2)	(7)＝(1)×(3)	(8)＝(1)×(4)	(9)	(10)＝(2)×(3)	(11)＝(2)×(4)	(12)
可比产品合计	×	×	×	×	×	×	×	×	50 750	49 850	51 625	520 625	511 125	517 125
其中甲产品		台	50	510	565	560	546.50	549.21	28 250	28 000	27 325	288 125	285 600	280 095
乙产品		台	45	465	500	485	540	509.74	22 500	21 825	24 300	232 500	225 525	237 030
不可比产品合计	×	×	×	×	×	×	×	×	×	5 650	5 695	×	146 900	151 075
其中丙产品		台	10	260		565	569.50	581.04	×	5 650	5 695	×	146 900	151 075
全部产品生产成本	×	×	×	×	×	×	×	×	50 750	55 500	57 320	×	658 025	668 200

补充资料(本年累计实际数):

①可比产品成本降低额为:3 500(元)

②可比产品成本降低率为:6.72%(本年计划成本降低率为:5.55%)

附:补充资料的计算:

①可比产品实际成本降低额=520 625−517 125=3 500(元)

②可比产品实际成本降低率=3 500÷520 625×100%=6.72%

(2)编制甲产品单位成本表。

①根据"资料四"填列甲产品主要技术经济指标;

②根据"资料五"并结合上述(1)中的资料填列甲产品有关产量数据(本月计划产量按平均数填列);

③根据上述(1)中有关资料,填列甲产品各项单位成本数额;

④依据以上①~③的资料,完成甲产品单位成本表的编制,如表5−17所示。

表5−17　主要产品单位成本表

2017年12月

产品名称:甲产品　计量单位:台　本月计划产量:45　本月实际产量:50

产品规格:　单位售价:750　本年累计计划产量:540　本年实际累计产量:510

成本项目	行次	历史先进水平	上年实际平均	本年计划	本月实际	本年累计实际平均
直接材料		395	410	405	400.50	395.99
直接人工		75	80	75	65.50	74.52
制造费用		76	75	80	80.50	78.70
单位产品成本		546	565	560	546.50	549.21
主要经济技术指标		×	×	×	×	×
单位产品物耗		×	×	×	×	×
1.A材料		210	215	211	208	213
2.B材料		100	102	105	102	103
单位产品耗用工时		4.8	5.2	5.5	5.4	5.3

(3)编制制造费用明细表。

①根据"资料六"填列"本年计划"数额(按月度计划数×12计算确定)和"上年同期实际"金额;

②根据"资料八"填列"本月实际"金额;

③根据"资料七""资料八"计算填列"本年累计实际"金额(即1~11月制造费用累计实际加上12月份制造费用);

④依据以上①~③的资料,完成制造费用明细表的编制,如表5−18所示。

表5−18　制造费用明细表

2017年12月　单位:元

项目	行次	本年计划	上年同期实际	本月实际	本年累计实际
职工薪酬	1	19 200	1 400	2 000	15 600
折旧费	2	16 800	1 200	1 400	15 800
办公费	3	8 400	800	1 050	7 050

续表

项目	行次	本年计划	上年同期实际	本月实际	本年累计实际
水电费	4	4 800	440	520	3 220
机物料消耗	5	7 200	620	650	4 650
低值易耗品摊销	6	4 800	380	580	2 980
劳动保护费	7	20 400	1 600	2 400	20 100
租赁费	8	9 360	700	800	6 580
运输费	9	8 400	800	680	6 980
保险费	10	5 640	450	470	5 570
实验检验费	12	4 800	500	520	3 920
其他	19	3 840	400	500	3 220
合计	20	113 640	9 290	11 570	95 670

二、主要商品产品单位成本表的分析

产品单位成本计划完成情况的分析，重点分析两类产品：一是单位成本升降幅度较大的产品；二是在企业全部产品中所占比重较大的产品。在这两类产品中，又应重点分析升降幅度较大的和所占比重较大的成本项目。产品单位成本计划完成情况的一般分析如下：

1. 直接材料项目的分析

降低材料成本是降低产品成本的重要途径，特别是直接材料费用占产品成本比重较大的产品，直接材料项目更应作为产品单位成本分析的重点。影响产品单位成本中直接材料费用变动的因素，主要是单位产品材料消耗量(用量)和单位材料价格两个因素，根据连环替代法的原理，可以按下列公式计算：

用量变动对材料成本的影响=(单位产品材料实际用量－单位产品材料计划用量)×材料计划价格

价格变动对材料成本的影响=(材料实际价格－材料计划价格)×单位产品材料实际用量

2. 直接人工项目的分析

产品单位成本中的直接人工费用，受工人劳动生产率和工人平均工资两个因素影响。这两个因素，也可以用单位产品生产工时消耗和小时平均工资(小时工资率)来表示。根据连环替代法的原理，分析单位产品工时消耗和小时工资率变动对成本的影响，计算公式如下：

单位产品工时消耗变动对成本的影响=(单位产品实际工时－单位产品计划工时)×计划小时工资率

小时工资率变动对成本的影响=(实际小时工资率－计划小时工资率)×单位产品实际工时

3. 制造费用项目的分析

分析各因素变动对单位产品成本中制造费用的影响时，可以分析产品产量和制造费用总额两个因素，也可以分析单位产品工时消耗和小时费用率两个因素。按照连环替代法的原理，分析单位产品工时消耗和小时费用率两个因素变动对单位产品成本中制造费用的影响，计算公式如下：

单位产品工时变动对成本的影响＝(单位产品实际工时－单位产品计划工时)×计划小时费用率

小时费用率变动对成本的影响＝(实际小时费用率－计划小时费用率)×单位产品实际工时

【例5－2】 对金星公司2017年12月份编制的产品生产成本表(见表5－16)、甲产品单位成本表(见表5－17)和制造费用明细表(见表5－18)进行分析。

(1)根据产品生产成本表,按产品品种分析该公司全部产品生产成本计划的完成情况;

(2)根据甲产品单位成本表,分析该公司甲产品单位成本变动情况;

(3)根据制造费用明细表,分析该公司制造费用计划执行情况。

【案例解析】

(1)根据产品生产成本表,该公司全部产品生产成本计划完成情况分析如下:

$$全部产品成本计划完成率=\frac{668\ 200}{658\ 025}\times 100\%=101.55\%$$

全部产品总成本升降额＝668 200－658 025＝10 175(元)

$$全部产品总成本升降率=\frac{10\ 175}{658\ 025}\times 100\%=1.55\%$$

全部产品成本计划完成情况分析表如表5－19所示。

表5－19　全部产品成本计划完成情况分析表(按产品品种)

2017年度　单位:元

产品名称	实际产量本年累计		成本计划完成情况		各种产品对总成本降低率的影响(%)
	计划总成本	实际总成本	升降(－)额	升降(－)率(%)	
可比产品合计	511 125	517 125	6 000	1.17	0.91
其中:甲产品	285 600	280 095	－5 505	－1.08	－0.84
乙产品	225 525	237 030	11 505	2.25	1.75
不可比产品合计	146 900	151 075	4 175	2.84	0.64
其中:丙产品	146 900	151 075	4 175	2.84	0.64
全部产品总成本	658 025	668 200	10 175	4.01	1.55

从表5－19分析结果来看,该公司全部产品生产总成本完成计划的101.55%,实际成本较计划成本上升了1.55%,增加总成本10 175元。总的来说,该公司没能完成成本计划。但是,从具体产品品种看,只有甲产品超额完成了成本计划,而乙产品和丙产品均没有完成计划。其中,乙产品成本完成计划的102.25 %,实际成本比计划成本增加了11 505元,超过计划2.25%,影响总成本降低率下降了1.75%;丙产品完成本完成计划的102.48 %,实际成本比计划成本增加了4 175元,超过计划2.84 %,影响总成本降低率下降了0.64 %;只有甲产品超额完成成本计划98.92 %,成本降低5 505元,比计划成本降低了1.08%,影响总成本降低率提高了0.84 %。所以,该公司并未能全面完成产品成本计划,对于乙产品、丙产品没有完成成本计划,出现成本超支的情况和原因,需进一步分析。

(2)根据甲产品单位成本表,该公司甲产品单位成本变动情况分析如下:

单位产品材料成本升降额=395.99−405=−9.01

单位产品材料成本升降率$=\frac{-9.01}{405}\times100\%=-2.22\%$

材料价格变动对单位成本的影响$=\frac{-9.01}{560}\times100\%=-1.61\%$

单位产品人工成本升降额=74.52−75=−0.48

单位产品人工成本升降率$=\frac{-0.48}{75}\times100\%=-0.64\%$

人工价格变动对单位成本的影响$=\frac{-0.48}{560}\times100\%=-0.086\%$

单位产品制造费用升降额=78.70−80=−1.30

单位产品制造费用升降率$=\frac{-1.3}{80}\times100\%=-1.625\%$

制造费用价格变动对单位成本的影响$=\frac{-1.3}{560}\times100\%=-0.232\%$

根据甲产品单位成本表，编制甲产品单位成本分析表如表5−20所示。

表5−20　　甲产品单位成本分析表

成本项目	计划成本	实际成本	降低(−)或超支(+)		各项目超、降对单位成本的影响(%)
			金额	%	
直接材料	405	395.99	−9.01	−2.22	−1.61
直接人工	75	74.52	−0.48	−0.64	−0.086
制造费用	80	78.70	−1.3	−1.625	−0.232
合计	560	549.21	−10.79	−4.485	−1.928

从表5−20分析结果来看，甲产品的实际单位成本比计划节约10.79元，降低率为4.485%，其中材料费用比计划降低了2.22%，人工费用比计划降低了0.64%，制造费用比计划降低了1.625%，这说明该公司在降低直接材料、直接人工和制造费用的耗费方面有较好的成绩。

(3)根据制造费用明细表，该公司制造费用计划执行情况分析如下：

制造费用计划完成率$=\frac{95\ 670}{113\ 640}\times100\%==84.19\%$

制造费用升降额=95 670−113 640=−17 970(元)

制造费用升降率$=\frac{-17\ 970}{113\ 640}\times100\%=-15.81\%$

根据制造费用明细表，编制该公司制造费用分析表如表5−21所示。

表5−21　　制造费用预算执行情况分析表

2017年度　　单位：元

项目	本年计划	本年实际	增减额
职工薪酬	19 200	15 600	−3 600
折旧费	16 800	15 800	−1 000

续表

项目	本年计划	本年实际	增减额
办公费	8 400	7 050	−1 350
水电费	4 800	3 220	−1 580
机物料消耗	7 200	4 650	−2 550
低值易耗品摊销	4 800	2 980	−1 820
劳动保护费	20 400	20 100	−300
租赁费	9 360	6 580	−2 780
运输费	8 400	6 980	−1 420
保险费	5 640	5 570	−70
实验检验费	4 800	3 920	−880
其他支出	3 840	3 220	−620
合计	113 640	95 670	−17 970

从表5—21分析结果来看，本年度制造费用总额实际执行结果，比计划要求降低了17970元，这说明本年度制造费用计划执行情况较好，该公司制造费用各项目都有不同程度的节约，希望能保持这种良好的态势。

高等职业院校财经类专业“十三五”规划教材

成本会计实训

黄丽华　陈平锋　主编

上海财经大学出版社

目　录

要素费用的归集与分配

一、材料费用的分配

(一)资料:某企业生产甲、乙两种产品,共同耗用两种主要材料,共计3 762元。本月生产甲产品15件,乙产品12件。甲产品原材料消耗定额:A材料6千克/件,B材料8千克/件;乙产品原材料消耗定额:A材料9千克/件;B材料5千克/件。A材料单价10元/千克,B材料8元/千克。

要求:

(1)计算甲乙产品原材料的定额费用。

(2)计算材料费用分配率。

(3)计算甲乙产品应分配材料的实际费用。

(4)填制表1—1原材料费用分配表。

(5)编制会计分录。

表1—1 **材料费用分配表**

20××年×月 单位:元

部门产品名称		间接计入			材料费用合计
		定额耗用额	分配率	实际耗用额	
基本生产成本	甲产品				
	乙产品				
	小计				

(二)资料:某企业有一个基本生产车间,生产甲、乙两种产品,两个辅助生产车间为机修和供电车间,为基本生产车间和管理部门提供劳务。某月甲产品产量为80件,乙产品产量为100件,根据领料单汇总各单位领料情况见表1—2。

表 1—2 领料汇总

领料部门	金额/元
甲产品直接领料	7 000.00
乙产品直接领料	8 500.00
甲、乙产品共同领料	1 800.00
机修车间领料	500.00
供电车间领料	300.00
基本生产车间领用物料	200.00
管理部门领料	200.00

要求：根据资料编制材料费用分配表，并做出有关的会计分录。

二、燃料与动力的分配

资料：某企业生产甲、乙两种产品，共同耗用燃料费用6 259元。本月生产甲产品 15 件，乙产品 12 件。甲产品燃料消耗定额：214 元/件；乙产品燃料消耗定额：206.67 元/件。

要求：

(1)计算甲乙产品燃料的定额费用。

(2)计算燃料分配率。

(3)计算甲乙产品应分配燃料的实际费用。

(4)填制表 1—3 燃料费用分配表。

(5)编制会计分录。

表 1—3 燃料费用分配表

20××年×月 单位：元

部门产品名称		间接计入			材料费用合计
		定额耗用额	分配率	实际耗用额	
基本生产成本	甲产品				
	乙产品				
	小计				

三、薪酬费用的分配

(一)资料：某企业本月生产甲、乙、丙三种产品，共发生产品生产工人工资 40 000 元，生产工人应提福利费 5 600 元。本月实际生产工时 10 000 小时，其中甲产品 3 500 小时，乙产品 4 000小时，丙产品 2 500 小时。

要求：按生产工时分配法计算三种产品各自应负担的直接人工费。

(二)资料：某企业基本生产车间某月份生产甲产品 120 件，每件实际工时 60 小时，乙产品 250 件，每件实际工时为 40 小时，本月应付工资的资料见表 1—4。

表 1—4　**工资费用资料**

部门	用途	金额(元)
基本生产	生产工人工资	86 000.00
基本生产	管理人员工资	5 200.00
机修车间	生产 IAI 资	10 000.00
机修车间	管理人员工资	2 500.00
供电车间	生产 IAI 资	4 400.00
供电车间	管理人员工资	1 200.00
企业行政	管理人员工资	4 000.00
合计		113 300.00

生产工人工资按生产工时比例分配，职工福利费用按工资总额的 14%计提。

要求：根据上述资料，编制工资福利费用分配表，并做出有关的会计分录。

四、固定资产折旧费的分配

某公司 2017 年 10 月固定资产折旧如表 1—5 所示。

表 1—5　**固定资产折旧**　单位：元

部门		折旧费用	合计
基本车间	一车间	23 000.00	23 000.00
	二车间	15 000.00	15 000.00
管理部门		17 000.00	17 000.00
合计		55 000.00	55 000.00

要求：根据资料进行费用分配和成本计算，编制本月计提折旧的会计分录，并记入有关账户。

五、辅助生产费用的归集与分配

(一)资料：某企业设有供电和机修两个辅助生产车间，本月供电车间供电88 000度，其中机修车间用电8 000度，产品生产车间用电60 000度，基本生产车间照明用电6 000度，企业管理部门用电14 000度；本月机修车间修理总工时为8 480小时，其中供电车间 480 小时，基本生产车间6 000小时，企业管理部门2 000小时。根据辅助生产成本明细账，在交互分配前，供电车间待分配费用29 120元，机修车间待分配费用26 880元。

要求：

(1)按直接分配法分配辅助生产费用，并编制有关的会计分录。

(2)按一次交互分配法分配辅助生产费用，并编制有关的会计分录。

(二)资料：某企业有供水、运输、机修三个辅助生产车间，本月各辅助生产车间发生的费用和提供的劳务情况如表 1—6 所示。

表 1—6

生产资料

		供水(吨)	运输(吨·千米)	机修(小时)
待分配费用(元)		5 000	3 000	2 000
提供劳务数量		10 000	15 000	5 000
计划分配率		0.52	0.23	0.48
耗用劳务	供水车间		1 000	300
	运输车间	600		400
	机修车间	1 400	800	
	甲产品	4 000	4 200	1 800
	乙产品	3 000	5 600	1 600
	基本生产车间一般耗用	500	1 400	500
	企业管理部门	500	2 000	400

要求:

(1)采用计划成本分配法,并编制会计分录(差异作为管理费用)。

(2)采用代数分配法,并编制会计分录。

六、制造费用的分配

(一)资料:某基本生产车间同时生产甲、乙两种产品,本期共发生制造费用 6 000 元,甲产品生产工人工时数为 600 小时,乙产品生产工人工时数为 400 小时。

要求:甲、乙产品各自应负担的制造费用应为多少?(按生产工时比例分配)

(二)资料:某企业基本生产车间的有关资料如表 1—7 所示(按年度计划分配率法分配)。

表 1—7

生产费用资料

产品名称	年度预算产量(件)	单位产品定额工时(小时)	1 月份实际产量(件)
甲	3 000	5	400
乙	2 000	8	100

该年度制造费用预算为62 000元,1 月份实际制造费用为5 400元,本年度实际费用为60 000元。

要求:

(1)根据上述资料,计算 1 月份甲、乙产品负担的制造费用。

(2)假定年终已分配制造费用60 500元(其中甲产品承担43 000元,乙产品承担17 500元),那么本年度的差异额中甲、乙产品各应负担多少?并做出差异额处理的会计分录。

七、损失性费用的核算

(一)资料:某企业第一生产车间生产甲产品,原材料在生产开始时一次投入。本月份完工合格品 580 件,生产过程中发现不可修复废品 20 件,合格品和废品的全部生产工时为 29 500 工时,其中,废品生产工时为 500 工时。甲产品生产成本明细账上所列示的合格品和废品的全部生产费用为：直接材料90 000元，直接工资16 225元，制造费用 13 275 元，废品残料回收价值 500 元。

要求：根据资料编制“废品损失计算表”（表 1－8）。直接材料费用按合格品产量和废品数量的比例分配，其他费用按生产工时比例分配。

表 1－8　　**废品损失计算表**

产品：甲产品

车间：一车间　　××年 8 月份　　金额单位：元

项目	数量(件)	直接材料	生产工时(小时)	直接人工	制造费用	合计
费用总额						
分配率						
废品成本						
减：残值						
减：赔款						
废品损失						

（二）资料：某企业 6 月份在生产过程中发现废品损失。有关业务如下：

（1）该企业基本生产车间本月生产甲产品 3 000 台，其中合格品 2 850 台，不可修复废品 100 台，可修复废品 50 台。

（2）该企业生产甲产品共发生工时 45 000 小时，其中不可修复废品工时为 1 500 小时。

（3）本月生产甲产品发生原材料费用 12 000 元，工资及福利费 8 400 元，制造费用 5 600 元。

（4）本月对可修复废品进行修理，发生材料费 680 元，工资及福利费 420 元，制造费用 400 元。

（5）本月生产甲产品所需的原材料，系开始投产时一次投入。

（6）不可修复废品 100 台，残值估价 300 元，并已作为废料验收入库。

要求：

（1）计算 100 台不可修复废品的废品成本。

（2）计算 50 台可修复废品的修复费用。

（3）计算本月发生的废品损失。

八、完工产品成本的计算与结转

（一）资料：甲公司一车间为基本生产车间，2017 年 9 月份生产甲产品，采用约当产量比例法分配费用。甲产品单件工时定额 20 小时，经三道工序制造。各工序工时定额为：第一道工序 4 小时，第二道工序 8 小时，第三道工序 8 小时。各工序内均按 50％的完工程度计算。本月完工产品 200 件，月末在产品 120 件，其中：第一道工序 20 件，第二道工序 40 件，第三道工序 60 件。本月在产品成本与本月发生的生产费用之和按成本项目分别为：直接材料费用 16 000元，直接人工费用 7 980 元，制造费用 8 512 元。原材料在生产开始时一次投入。

要求：

（1）计算各工序在产品完工率；

(2)计算月末在产品的约当产量;

(3)按约当产量比例分配计算完工产品成本和月末在产品成本。

(二)资料:辉煌制造厂 2017 年 9 月份生产乙产品,本月完工产品产量 1 000 件,月末在产品数量 100 件,月初在产品成本为 2 600 元,本月发生费用共计 45 000 元,原材料在生产开始时一次投入,在产品单件材料定额成本 20 元,单件定额工时 0.05 小时,每小时直接人工 40 元,每小时制造费用 16 元。

要求:采用在产品按定额成本计价法计算完工产品成本和月末在产品成本。

(三)资料:大岭工厂生产 A 产品,2017 年 9 月份月初直接材料费用 30 000 元,直接人工费用 2 500 元,制造费用 1 500 元。本月直接材料费用 194 000 元,直接人工费用 25 000 元,制造费用 15 000 元,本月完工产品 5 000 件,单件产品直接材料费用定额 30 元,单件定额工时 3.8小时。月末在产品 400 件,单件在产品直接材料费用定额 25 元,工时定额 2.5 小时。

要求:采用定额比例法计算完工产品成本和月末在产品成本。

(四)资料:光明公司 2017 年 9 月份生产的甲产品的原材料在生产开始时一次投入,产品成本中的原材料费用所占比例较大,该种产品月初直接材料费用 2 000 元,本月直接材料费用 15 000 元,直接人工费用 1 500 元,制造费用 1 000 元,本月完工产品 150 件,月末在产品 50 件。

要求:采用在产品成本按直接材料费用计算法计算甲产品完工产品成本和月末在产品成本。

产品成本计算的品种法

一、企业基本情况

未来公司设有两个工作车间。一车间为基本生产车间，大量生产甲、乙两种产品，根据生产工艺特点和管理要求，企业确定采用品种计算法计算甲、乙两种产品成本。二车间为辅助生产车间，辅助生产车间的制造费用通过“制造费用”账户核算。根据企业的需求，产品的成本项目为“原材料”“燃料和动力”“制造费用”等项目。各车间的人员工资采用计时工资。该企业低值易耗品采用一次摊销法。生产甲、乙产品共同耗用A材料，另外甲和乙产品分别耗用B材料和C材料。

二、20××年10月份该企业有关资料

(1)产量资料：甲、乙产品均无月初在产品，本月投产甲产品100件，乙产品120件。

(2)根据货币支出资料，编制各车间有关各项货币支出的汇总表(代为原始凭证)，见表2—1。

表2—1　　货币支出汇总表

部门		办公费	劳动保护费
制造费用	一车间	1 000.00	1 000.00
	二车间	750.00	750.00
管理费用		1 000.00	500.00
合计		2 750.00	2 250.00

(3)甲、乙产品共同耗用A材料，单件甲、乙产品的A材料消耗定额分别为4千克和5千克。A材料费用按甲、乙产品的A材料消耗定额分配。

(4)按月编制的领料凭证汇总表见表2—2。

表 2—2

领料凭证汇总表

20××年 10 月 1 日～31 日

单位:元

部门	原材料				低值易耗品			
	A	B	C	D	E	F	G	H
一车间	10 000.00	20 000.00	20 000.00		200.00	300.00		
二车间				500.00			200.00	400.00
合计	10 000.00	20 000.00	20 000.00	500.00	200.00	300.00	200.00	400.00

(5)各车间及管理部门工资汇总表见表 2—3。

表 2—3

工资汇总表

20××年 10 月

单位:元

部门		月标准工资	福利费	奖金	津贴	扣缺勤工资	工资合计
一车间	生产工人	5 475.00	766.50	1 150.00	500.00		7 891.50
	管理人员	2 550.00	357.00	680.00	90.00	20.00	3 657.00
	小计	8 025.00	1 123.50	1 830.00	590.00	20.00	11 548.50
二车间	生产工人	2 400.00	336.00	550.00	260.00	10.00	3 536.00
	管理人员	1 650.00	231.00	405.00	85.00	40.00	2 331.00
	小计	4 050.00	567.00	955.00	345.00	50.00	5 867.00
行政管理		2 100.00	294.00	500.00	100.00		2 994.00

(6)本月甲、乙两种产品的工时记录分别为2 275小时和2 475小时。一车间生产的甲、乙产品的工人工资按甲、乙产品的生产工时分配。

(7)外购动力费见表 2—4。10 月份电费总计10 300元,通过“应付账款”账户核算。一车间的生产用电按生产工时在甲、乙产品之间进行分配。

表 2—4

各部门用电明细表

20××年 10 月

单位:度

部门	生产用电	其他用电
一车间	11 400	2 000
二车间	3 200	3 000
行政管理		5 000

(8)10 月份各车间固定资产的折旧费用分别为:一车间2 000元,二车间1 000元,行政管理部门为1 000元。

(9)本月二车间提供运输服务10 190吨・千米,其中,为一车间提供运输服务9 000吨・千米,为行政管理部门提供运输服务1 190吨・千米。该企业辅助生产费用采用直接分配法分配。

(10)该企业制造费用按产品的实际工时在甲、乙产品之间进行分配。

(11)完工产品与月末在产品。该企业产品的消耗定额比较准确，甲、乙产品各月在产品数量变动大，采用在产品按定额成本计价法进行完工产品与在产品之间的费用分配，已知本月甲产品完工80件，乙产品完工100件。

(12)月末各在产品的有关资料见表2—5。

表2—5　月末在产品有关资料

产品名称	所有工序	在产品数量	单件在产品原材料定额费用(元)	单件在产品累计工时定额	单位工时定额(元/小时)		
					燃料及动力	直接人工	制造费用
甲产品	1	15	420.00	10	1.20	1.60	6.00
	2	5		20			
乙产品	1	10	560.00	5			
	2	10		15			

三、实务操作要求

(1)根据领料凭证汇总表以及其他资料，编制表2—6材料费用分配表。

表2—6　材料费用分配表

20××年10月　单位:元

部门产品		间接计入			直接计入	合计
		定额耗用(千克)	分配率	分配额		
基本生产成本	甲产品					
	乙产品					
	小计					
运输生产成本	运输车间					
	小计					
制造费用	一车间					
	二车间					
	小计					
合计						

(2)根据工资汇总表，编制表2—7职工薪酬分配表(公司规定按工资总额的12%计提社会保险)。

职工薪酬分配表

20××年10月　单位:元

部门产品		生产工时	分配率	工资费用	计提标准	社会保险	合计
基本生产成本	甲产品						
	乙产品						

续表

部门产品		生产工时	分配率	工资费用	计提标准	社会保险	合计
辅助生产成本	运输车间						
制造费用	一车间						
	二车间						
管理费用							
合计							

(3)根据各部门用电明细表,编制表 2—8 外购动力费用分配表。

表 2—8 **外购动力费用分配表**

20××年 10 月

单位:元

部门产品		数量		分配金额
		生产工时(分配率:1.2)	度数(单价:0.5)	
基本生产成本	甲产品			
	乙产品			
	小计			
辅助生产成本	运输车间			
	小计			
制造费用	一车间			
	二车间			
管理费用				
合计				

(4)根据固定资产资料,编制表 2—9 固定资产折旧费用分配表。

表 2—9 **固定资产折旧费用分配表**

20××年 10 月

单位:元

部门	折旧费
一车间	
二车间	
行政管理	
合计	

(5)编制表 2—10 基本生产车间制造费用分配。

表 2—10

一车间制造费用分配表

20××年 10 月　　单位:元

应借账户		生产工时	分配率	金额
生产成本	甲产品			
	乙产品			
合计				

(6)根据月末在产品有关资料编制表 2—11 月末在产品定额成本计算表。

表 2—11

月末在产品定额成本计算表

20××年 10 月　　单位:元

产品名称	所在工序	在产品数量	原材料		在产品工时定额	燃料及动力	工资及职工福利	制造费用	定额成本
			单件定额	定额费用					
甲产品	1								
	2								
甲产品合计									
乙产品	1								
	2								
乙产品合计									

(7)计算各种产品的完工产品成本。

(8)编制表 2—12 产品成本汇总表。

表 2—12

产成品成本汇总表

20××年 10 月　　单位:元

产成品	单位	数量	原材料	燃料及动力	工资及职工福利	制造费用	成本合计
甲产品	件						
乙产品	件						
合计							

产品成本计算的分批法

一、基本情况

明天工厂是一个小批单步骤生产的中小企业，成本核算方法采用分批法。该企业生产甲、乙两种产品，企业生产计划部门依据客户订单下达生产任务，按生产批号组织生产，以生产批号为成本计算对象。企业设有一个基本生产车间和一个机修辅助生产车间。该厂设有原材料、工资、制造费用等成本项目，费用按月汇总，产品成本是在一张订单的全部产品完工后才进行结算。如一张订单有分月陆续完工情况，则按计划成本转出，待该产品全部完工后，再重新结算完工产品的总成本和单位成本。辅助生产车间不设置制造费用明细账。

二、20××年9月该企业的有关资料

(1)月初在产品成本资料见表3—1。

表3—1　　月初在产品成本资料

20××年9月　　单位:元

项目	原材料	工资	制造费用	合计
0701号	20 000.00	18 000.00	15 000.00	43 000.00
0802号	24 000.00	20 000.00	10 000.00	54 000.00

(2)各生产批号的有关资料。

0701号甲产品10件，7月份投产，本月全部完工。

0802号甲产品15件，8月份投产，本月完工5件，未完工10件。

0903号乙产品20件，9月份投产，计划10月份完工。

0904号乙产品10件，9月份投产，本月全部完工。

(3)批号为0802号的甲产品的计划成本资料见表3—2。

表 3—2

甲产品单位计划成本表

20××年 9 月　　单位:元

项目	原材料	工资	制造费用	合计
单位计划成本	2 930.00	916.00	2 240.00	6 086.00

(4)各部门领料情况见表 3—3。

表 3—3

领料凭证汇总表

20××年 9 月　　单位:元

项目		基本生产				辅助生产	制造费用	管理费用	合计
		0802 号	0903 号	0904 号	合计				
原材料	A	8 000.00			8 000.00				8 000.00
	B	7 000.00			7 000.00				7 000.00
	C	5 000.00			5 000.00				5 000.00
	D		15 000.00		15 000.00				15 000.00
	E		3 000.00		3 000.00				3 000.00
	F			20 000.00	20 000.00				20 000.00
	合计	20 000.00	18 000.00	20 000.00	58 000.00				58 000.00
辅助材料	H						1 500.00	500.00	2 000.00
	J					2 000.00			2 000.00
	K							500.00	500.00
	合计					2 000.00	1 500.00	1 000.00	4 500.00
低值易耗品	M					3 000.00			3 000.00
	N							500.00	500.00
	S						1 200.00		1 200.00
	X						300.00		300.00
	合计					3 000.00	1 500.00	500.00	5 000.00

(5)各部门的工资情况见表 3—4,其中,甲产品的生产工人采用计件工资,直接计入各生产批号产品的基本生产成本。各生产批号产品的计件工资见表 3—5。甲产品的非计件工资,按计件工资额分配计入各生产批号产品成本,乙产品的生产工人采用计时工资,按生产工时分配计入各生产批号产品的基本生产成本。

表 3—4

工资结算汇总表

20××年 9 月　　单位:元

部门			基本工资	加班工资	奖金	津贴	福利费等	工资合计
一车间	生产工人	甲产品	8 400.00	1 200.00	1 000.00	1 400.00	1 680.00	13 680.00
		乙产品	8 600.00	1 000.00	800.00	600.00	1 540.00	12 540.00
	管理人员		3 000.00		500.00	500.00	560.00	4 560.00

续表

部门		基本工资	加班工资	奖金	津贴	福利费等	工资合计
机修车间	生产工人	7 600.00	300.00	600.00	500.00	1 260.00	10 260.00
	管理人员	2 000.00	100.00	200.00	200.00	350.00	2 850.00
行政管理		10 000.00		1 000.00	800.00	1 652.00	13 452.00

表 3—5 **甲产品各批号的计件工资及工时**

20××年 9 月

单位:元

生产批号	计件工资	生产批号	工时(小时)
0701 号	4 000.00	0903 号	2 000
0802 号	4 400.00	0904 号	3 000
合计	8 400.00	合计	5 000

(6)固定资产折旧计算见表 3—6。

表 3—6 **固定资产折旧计算表**

20××年 9 月

单位:元

使用部门		上月已计提折旧	上月增加固定资产应计提折旧	上月减少固定资产应计提折旧	本月应计提折旧
生产车间	厂房	5 600	1 200		6 800
	设备	12 000		1 000	11 000
	小计	17 600	1 200	1 000	17 800
机修车间	厂房	5 000			5 000
	设备	2 000			2 000
行政管理		3 000			3 000

(7)9 月份由银行存款支付电费9 080元,水费11 000元,各车间、部门本月耗用的水电量见表 3—7。

表 3—7 **各部门耗用的水电量**

20××年 9 月

使用部门	用电量(度)	用水量(吨)
生产车间	27 800	5 100
机修车间	11 400	2 800
行政管理	6 200	3 100
合计	45 400	11 000

(8)生产车间用现金支付办公费 150 元。

(9)机修车间生产费用按各部门耗用劳务数量分配,机修车间提供的有关劳务见表 3—8。

表 3—8

机修车间供应劳务量汇总表

20××年 9 月

受益单位	修理工时(小时)
生产车间	3 400
管理部门	600
合计	4 000

(10)各批产品的机器加工工时见表 3—9。

表 3—9

各产品机器加工工时

生产批号	机器工时(小时)
0701 号	3 000
0802 号	2 000
0903 号	1 500
0904 号	3 500
合计	10 000

三、实务操作要求

(1)根据领料凭证汇总表和其他资料，编制表 3—10 材料费用分配表。

表 3—10

材料费用分配表

20××年 9 月

单位:元

项目	基本生产				辅助生产	制造费用	管理费用	合计
	0802 号	0903 号	0904 号	合计				
原材料								
辅助材料								
低值易耗品								
合计								

(2)根据工资结算汇总表和其他资料，编制表 3—11 职工薪酬分配表。

表 3—11

职工薪酬分配表

20××年 9 月

单位:元

应借科目		生产人员工资							其他部门人员工资			合计
		计件工资				计时工资			机修车间生产人员工资	机修车间管理人员工资	管理部门人员工资	
		计件工资	分配率	应承担的非计件工资	小计	生产工时	分配率	金额				
基本生产成本	0701 号											
	0802 号											
	甲产品小计											
	0903 号											
	0904 号											
	乙产品小计											
	基本生产小计											
辅助生产成本												
制造费用												
管理费用												

(3)根据固定资产折旧计算表,编制表 3—12 固定资产折旧费用分配表。

表 3—12

固定资产折旧费用分配表

20××年 9 月

单位:元

应借账户		金额
制造费用	基本生产车间	
生产成本	机修车间	
管理费用		

(4)根据支付的水电费资料,编制表 3—13 水电费分配表。

表 3—13

水电费分配表

20××年 9 月

单位:元

使用部门	电费			水费			合计
	用电度数	分配率	金额	用水量	分配率	金额	
生产车间							
机修车间							
行政管理							
合计							

(5)根据各项费用分配表和其他相关资料,登记表 3—14 辅助生产成本明细账。

表 3—14　**辅助生产成本明细账**

车间:机修车间　20××年 9 月　单位:元

月	日	摘要	原材料	工资	制造费用	合计
9	30	根据材料分配表				
	30	根据职工薪酬分配表				
	30	根据固定资产折旧费用分配表				
	30	根据水电费分配表				
	30	根据辅助生产费用分配表				
	30	合计				

(6)根据辅助生产成本明细账和其他相关资料,编制表 3—15 辅助生产费用分配表。

表 3—15　**辅助生产成本分配表**

20××年 9 月　单位:元

辅助生产部门名称			机修时间	合计
待分配费用				
供应辅助生产部门以外单位的劳务费				
费用分配率(单位成本)				
应借账户	制造费用——车间	耗用量		
		金额		
	管理费用	耗用量		
		金额		
分配金额合计				

(7)根据各项费用分配表和其他相关资料,登记表 3—16 制造费用明细账。

表 3—16　**制造费用明细账**

20××年 9 月　单位:元

月	日	摘要	工资及职工福利	辅助材料	水电费	折旧率	机修费	低值易耗品	办公费	合计
9	30	根据现金付款凭证								
	30	根据材料分配表								
	30	根据职工薪酬分配表								
	30	根据水电费分配表								
	30	根据辅助生产费用分配表								
	30	根据制造费用分配表								
	30	合计								

(8)根据制造费用明细账和其他相关资料,编制表 3—17 制造费用分配表。

表 3－17

制造费用分配表

车间：一车间　　20××年 9 月　　单位：元

批号	机器工时(小时)	分配率	金额
0701 号			
0802 号			
0903 号			
0904 号			
合计			

(9)根据各项费用分配表和其他有关资料，登记表 3－18 至表 3－21 产品成本明细表。

表 3－18

产品成本明细账

产品批号：0701 批　　投产日期：7 月

产品名称：甲产品　　批量：10 件　　完工日期：9 月

项目	原材料	工资	制造费用	合计
月初在产品				
本月生产费用				
生产费用合计				
完工产品成本				
单位成本				

表 3－19

产品成本明细账

产品批号：0802 批　　投产日期：8 月

产品名称：甲产品　　批量：15 件　　完工日期：(完工 5 件)

项目	原材料	工资	制造费用	合计
月初在产品				
本月生产费用				
生产费用合计				
单位产品计划成本				
转完工产品成本				
月末在产品成本				

表 3—20　　产品成本明细账

产品批号:0902 批　　投产日期:9 月

产品名称:乙产品　　批量:20 件　　完工日期:10 月

项目	原材料	工资	制造费用	合计
本月生产费用				
生产费用合计				

表 3—21　　产品成本明细账

产品批号:0904 批　　投产日期:9 月

产品名称:乙产品　　批量:10 件　　完工日期:9 月

项目	原材料	工资	制造费用	合计
本月生产费用				
生产费用合计				
完工产品成本				
单位成本				

产品成本计算的逐步结转分步法

一、逐步综合结转分步法

(一)基本情况

远瑞企业大量生产甲产品。甲产品的生产由三个基本生产车间分为三个生产步骤进行。第一车间生产的完工产品为A半成品,完工后直接交由第二车间加工,不经过半成品仓库;第二车间生产的完工产品为B半成品,完工后直接交由第三车间加工,也不经过半成品仓库;第三车间对B半成品继续加工成甲产品,完工后交由成品库管理。根据企业生产特点和成本管理上的要求,该企业采用逐步综合结转分步法计算产品成本,直接材料在第一车间开始生产时一次性投入,用约当产量法计算各车间完工产品和月末在产品成本。公司采用逐步综合结转分步法核算成本,各步骤所产半成品的成本要随着半成品实物的转移,以成本项的计数综合计入产品成本明细账的"半成品"或"直接材料"项目中。

(二)有关资料

该企业2017年10月的生产情况见表4—1、表4—2、表4—3。

表4—1 各车间产量记录 单位:元

项目	第一车间	第二车间	第三车间
月初在产品	20	40	30
本月投入或上车间转入(件)	100	90	110
本月完工转入下车间(件)	90	110	120
月末在产品(件)	30	20	20
月末在产品完工程度	50%	50%	50%

表4—2 各车间月初在产品成本 单位:元

项目	直接材料(半成品)	直接人工	制造费用	合计
第一车间	20 000	12 000	10 000	42 000

续表

项目	直接材料(半成品)	直接人工	制造费用	合计
第二车间	92 800	25 000	15 000	132 800
第三车间	95 100	15 000	8 000	118 100

表 4—3　　**各车间本月生产费用**　　单位:元

项目	直接材料	直接人工	制造费用
第一车间	133 600	45 750	41 450
第二车间		32 600	29 400
第三车间		65 600	62 200

(三)实务操作要求

(1)计算第一车间本月所产 A 半成品成本。

根据已知资料,计算 A 半成品成本,编制第一车间 2017 年 10 月 A 半成品计算单(表 4—4),并登记第一车间生产成本明细账(表 4—5)。

表 4—4　　**第一车间产品成本计算表**

产品名称:A 半成品

项目	直接材料	直接人工	制造费用	合计
月初在产品成本				
本月发生生产费用				
生产费用合计				
完工产品数量				
在产品数量				
在产品约当产量				
生产量小计				
费用分配率				
本月完工产品总成本				
月末在产品成本				

表 4—5　　**第一车间基本生产成本明细账**

产品名称:A 半成品

2017 年		凭证号数	摘要	直接材料	直接人工	制造费用	合计
月	日						
10	1	略	月初在产品成本				
	31	略	本月发生生产费用				
	31	略	合计				
	31	略	本月完工转入下车间成本(表 4—4)				

续表

2017年		凭证号数	摘要	直接材料	直接人工	制造费用	合计
月	日						
	31		月末在产品成本				

(2)计算第二车间本月所产B半成品成本。

根据第二车间生产成本明细账记录资料，登记2017年10月第二车间生产成本明细账(表4—6)并编制第二车间B半成品计算单(表4—7)，计算B半成品成本。

表4—6　　第二车间生产成本明细账

产品名称:B半成品

2017		凭证号数	摘要	半成品	直接人工	制造费用	合计
月	日						
10	1	略	月初在产品成本				
	31	略	本月发生生产费用				
	31	略	耗用上车间半成品成本转入(表4—5)				
	31	略	合计				
	31	略	本月完工转入下车间成本(表4—7)				
	31		月末在产品成本				

表4—7　　第二车间产品成本计算表

产品名称:B半成品

项目		半成品	直接人工	制造费用	合计
月初在产品成本					
本月发生费用					
本月转入A半成品成本					
生产费用合计					
生产量	完工产品数量				
	在产品数量				
	在产品的约当产量				
	生产量小计				
费用分配率					
本月完工产品总成本					
月末在产品成本					

(3)计算第三车间本月所产甲产品成本。

根据第三车间生产成本明细账记录资料，计算甲产品成本，登记第三车间生产成本明细账(表4—8)，并编制第三车间甲产品计算单(表4—9)。

表 4—8　　**第三车间基本生产成本明细账**

产品名称:甲产品

2017		凭证号数	摘要	半成品	直接人工	制造费用	合计
月	日						
10	1	略	月初在产品成本				
	31	略	本月发生生产费用				
	31	略	耗用上车间半成品成本转入(表 4—6)				
	31	略	合计				
	31	略	本月完工产品成本(表 4—9)				
	31		月末在产品成本				

表 4—9　　**第三车间产品成本计算表**

产品名称:甲产品

项目		半成品	直接人工	制造费用	合计
月初在产品成本					
本月发生费用					
本月转入 B 产品成本					
生产费用合计					
	完工产品数量				
生产量	在产品数量				
	在产品约当产量				
	生产量小计				
费用分配率					
本月完工产品总成本					
月末在产品成本					

(4)根据上述成本计算结果,编制结转完工入库甲产品成本的会计分录。

(5)根据成本还原要求,编制该企业 2017 年 10 月甲产品成本还原计算表(表 4—10)。

表 4—10　　**甲产品成本还原计算表**

	还原分配率	B 半成品	A 半成品	直接材料	直接人工	制造费用	合计
1. 还原前产成品成本							
2. 本月所产 B 半成品成本							
3. B 半成品成本还原							
4. 本月所产 A 半成品成本							
5. A 半成品成本还原							
6. 还原后产品总成本(1+3+5)							

二、逐步分项结转分步法

(一)基本情况

齐心企业2017年8月份生产乙产品，经过三个生产步骤顺序加工，第一步骤生产的半成品直接被第二步骤领用，第二步骤生产的半成品直接被第三步骤领用，并将其加工成产成品。原材料在开始生产时一次投入，在产品按定额成本计算。

(二)有关资料

齐心企业有关的产量、成本计算资料见表4—11、表4—12、表4—13。

表4—11　各步骤产量记录

项目	第一步	第二步	第三步
月初在产品(件)	100	200	160
本月投产或上步转入(件)	1 000	960	1 080
本月完工转入下步(件)	960	1 080	1 200
月末在产品(件)	140	80	40

表4—12　各步骤费用资料

成本项目	月初在产品成本(定额成本)			本月发生费用		
	第一步	第二步	第三步	第一步	第二步	第三步
直接材料	32 480	73 600	61 440	333 600	—	—
直接人工	3 192	18 240	21 888	47 880	64 152	96 672
制造费用	840	4 800	5 120	11 200	13 200	12 720
合计	36 512	96 640	88 448	392 680	77 352	109 392

表4—13　各步骤在产品单位定额成本资料

成本项目	第一步	第二步	第三步
直接材料	332.8	400	465
直接人工	24	37.25	48.6
制造费用	6	8.05	7.4

(三)实务操作要求

(1)根据上述资料，采用逐步分项结转分步法计算乙产品成本，填列第一、二、三步骤基本生产成本明细账，见表4—14、表4—15、表4—16。

表4—14　第一步骤基本生产成本明细账

产品名称：乙半成品

2017		凭证号数	摘要	直接材料	直接人工	制造费用	合计
月	日						
8	1	略	月初在产品成本				

续表

2017		凭证号数	摘要	直接材料	直接人工	制造费用	合计
月	日						
	31	略	本月发生生产费用				
	31	略	合计				
	31	略	本月完工转入下步成本				
	31		月末在产品定额成本				

表 4—15 第二步骤基本生产成本明细账

产品名称:乙半成品

2017 年		凭证号数	摘要	直接材料	直接人工	制造费用	合计
月	日						
8	1	略	月初在产品成本				
	31	略	本月发生生产费用				
	31	略	耗用上步半成品费用(表 4—14)				
	31	略	合计				
	31	略	本月完工转入下步成本				
	31		月末在产品定额成本				

表 4—16 第三步骤基本生产成本明细账

产品名称:乙产品

2017 年		凭证号数	摘要	直接材料	直接人工	制造费用	合计
月	日						
8	1	略	月初在产品成本				
	31	略	本月发生生产费用				
	31	略	耗用上步半成品费用(表 4—15)				
	31	略	合计				
	31	略	本月完工入库				
	31		月末在产品成本				

(2)根据上述成本计算结果,编制结转完工入库乙产品成本的会计分录。

产品成本计算的平行结转分步法

一、基本情况

未来工厂设有两个基本生产车间(一车间和二车间),大量生产甲产品和乙产品。第一车间加工半成品,第二车间将半成品加工成产成品,半成品通过半成品库收发。该工厂不需要计算半成品成本,成本计算采用平行结转分步法计算。该工厂还有一个辅助生产的机修车间(三车间),辅助生产车间的制造费用通过"制造费用"账户核算。产品成本项目包括"直接材料"、"直接人工"和"制造费用"三个成本项目。材料在第一车间生产开始时一次投入。

二、20××年9月的有关资料

(1)有关付款凭证汇总的各项货币支出见表5—1。

表5—1　　各项货币支出汇总表　　单位:元

项目	办公费	劳动保护	其他费用
一车间	500.00	600.00	400.00
二车间	600.00	300.00	200.00
三车间	500.00	300.00	500.00
管理费用	2 000.00	500.00	600.00

(2)本月编制的领料凭证汇总表见表5—2,甲产品和乙产品共同耗用A材料,本月共耗用A材料共计84 000元。各产品的A材料消耗定额分别为:甲产品6千克,乙产品4千克。甲产品和乙产品共同耗用的A材料按各产品的A材料消耗定额分配,所有低值易耗品采用分期摊销。甲产品和乙产品分别耗用B材料和C材料直接计入各产品成本明细账中。

表 5—2　**领料凭证汇总表**

部门	原材料				低值易耗品			
	A	B	C	D	E	F	G	H
一车间	84 000.00	200 000.00	200 000.00		2 000.00	3 000.00		
二车间					1 000.00	2 000.00		
三车间		50 000.00					3 000.00	1 000.00
合计	84 000.00	250 000.00	200 000.00		3 000.00	5 000.00	3 000.00	1 000.00

(3)工资费用见表 5—3,各车间生产工人的工资均为计时工资,各车间的计时工资均按各车间生产产品的工时进行分配。

表 5—3　**工资费用表**

20××年 9 月　单位:元

部门	生产人员	管理人员
一车间	68 400.00	22 800.00
二车间	57 000.00	11 400.00
三车间	22 800.00	5 700.00
行政管理		22 800.00

(4)各车间有关产品的生产工时资料见表 5—4。

表 5—4　**生产工时资料**

20××年 9 月　单位:元

部门	产品	工时
一车间	甲半成品	3 000
	乙半成品	2 000
	小计	5 000
二车间	甲产成品	1 500
	乙产成品	2 500
	小计	4 000
合计		9 000

(5)外购动力费用见表 5—5,各车间电费均按各车间生产的产品的生产工时分配。

表 5—5　**外购动力费用**

20××年 9 月　单位:元

部门	生产车间用电	管理部门用电
一车间	12 000.00	1 000.00
二车间	10 000.00	1 000.00

续表

部门	生产车间用电	管理部门用电
三车间	5 000.00	500.00
行政管理		2 000.00

(6)固定资产折旧费见表5—6。

表5—6 **固定资产折旧费**

20××年9月 单位:元

项目	一车间	二车间	三车间	行政管理
折旧费用	20 000.00	15 000.00	20 000.00	10 000.00

(7)9月份摊销本月应承担的各种低值易耗品费用。

(8)辅助生产的机修车间本月提供机修服务发生的机修工时为1 000小时,其中为一车间提供400小时,二车间提供500小时,行政管理提供100小时。

(9)各车间的制造费用均按各车间生产产品的生产工时分配。

(10)本月初有关半成品库结存的半成品资料见表5—7。

表5—7 **月初半成品结存资料**

20××年9月

产品	实际数量(件)	实际成本(元)
甲半成品	400	154 000.00
乙半成品	300	147 243.00

(11)月初在产品成本资料见表5—8。

表5—8 **月初产品成本资料**

20××年9月 单位:元

部门产品		直接材料	直接人工	制造费用	合计
一车间	甲半成品	166 375.00	25 584.00	34 321.00	226 640.00
	乙半成品	195 815.00	19 530.00	25 698.00	241 043.00

(13)有关产量记录见表5—9。

表5—9 **产量表**

20××年9月

部门产品		月初在产品(件)	本月投入(件)	本月完工(件)	月末在产品(件)	月末在产品完工程度
一车间	甲半成品	200	1000	800	400	50%
	乙半成品	200	600	700	100	50%

续表

部门产品		月初在产品(件)	本月投入(件)	本月完工(件)	月末在产品(件)	月末在产品完工程度
二车间	甲产品	—	600	500	100	50%
	乙产品	—	500	300	200	50%

三、实务操作要求

(1)根据材料费用分配表、职工薪酬分配表、电费分配表、一车间制造费用分配表、二车间制造费用分配表登记一车间和二车间的产品成本明细账,见表5－10～表5－13。

表5－10　　**产成品明细账**

产品名称:甲产成品　　20××年9月

车间:一车间　　单位:元

月	日	摘要	直接材料	直接人工	制造费用	合计
9	1	月初在产品成本				
	30	根据材料分配表				
	30	根据职工薪酬分配表				
	30	根据电费分配表				
	30	根据一车间制造费用分配表				
	30	生产费用合计				
	30	费用分配率				
	30	产成品中步骤的份额				
	30	月末在产品成本				

表5－11　　**产成品明细账**

产品名称:乙产成品　　20××年9月

车间:一车间　　单位:元

月	日	摘要	直接材料	直接人工	制造费用	合计
9	1	月初在产品成本				
	30	根据材料分配表				
	30	根据职工薪酬分配表				
	30	根据电费分配表				
	30	根据一车间制造费用分配表				
	30	生产费用合计				
	30	费用分配率				
	30	产成品中步骤的份额				
	30	月末在产品成本				

表 5—12 **产成品明细账**

产品名称:甲产成品 20××年 9 月

车间:二车间 单位:元

月	日	摘要	直接材料	直接人工	制造费用	合计
9	1	月初在产品成本	—	—	—	—
	30	根据职工薪酬分配表				
	30	根据电费分配表				
	30	根据一车间制造费用分配表				
	30	生产费用合计				
	30	费用分配率				
	30	产成品中步骤的份额				
	30	月末在产品成本				

表 5—13 **产成品明细账**

产品名称:乙产成品 20××年 9 月

车间:二车间 单位:元

月	日	摘要	直接材料	直接人工	制造费用	合计
9	1	月初在产品成本	—	—	—	—
	30	根据职工薪酬分配表				
	30	根据电费分配表				
	30	根据一车间制造费用分配表				
	30	生产费用合计				
	30	费用分配率				
	30	产成品中步骤的份额				
	30	月末在产品成本				

(2)根据产成品明细账,计算各车间各产品应计入产成品的份额以及月末在产品成本。

(3)编制产成品成本汇总表,见表 5—14、表 5—15。

表 5—14 **产成品成本汇总表**

产品名称:甲产品 20××年 9 月

完工产量:500 单位:元

车间份额	直接材料	直接人工	制造费用	合计
一车间份额				
二车间份额				
总成本				
单位成本				

表 5—15　**产成品成本汇总表**

产品名称:乙产品　20××年 9 月

完工产量:300　单位:元

车间份额	直接材料	直接人工	制造费用	合计
一车间份额				
二车间份额				
总成本				
单位成本				

产品成本计算的定额法

资料：福远公司大批量生产甲产品，该产品各项消耗定额比较准确、稳定，采用定额计算产品成本。公司规定，该产品的定额变动差异和材料成本差异由完工产品成本负担，脱离定额差异成本按比例在完工产品与月末在产品之间进行分配。脱离定额差异资料如下：

(1)甲产品定额成本及脱离定额差异资料如表6—1所示。

表6—1 定额成本及脱离定额差异资料

成本项目		直接材料	直接人工	制造费用	合计
月初在产品成本	定额成本	10 000	2 000	6 000	18 000
	定额差异	−785	+140	−900	−1 545
本月生产费用	定额成本	50 000	8 500	31 000	89 500
	定额差异	−1 000	+700	+1 640	+1 340

(2)福远公司甲产品8月份所耗A原材料，其成本差异率为节约2%。

(3)甲产品从本月1日起实行新的材料消耗定额，单位产品旧的材料费用定额为40元，新的材料费用定额为38元，该产品月初在产品按旧定额计算的材料定额费用为10 000元。

(4)甲产品本月份完工200件，在产品100件。定额成本资料如表6—2所示。

表6—2 产成品定额成本资料

成本项目	直接材料	直接人工	制造费用	合计
单位产品定额成本	275	47.25	171	493.25

要求：计算本月甲产品成本和在产品成本，见表6—3。

表 6—3　**甲产品成本明细账**

成本项目		直接材料	直接人工	制造费用	合计
月初在产品	定额成本				
	脱离定额差异				
月初在产品定额变动	定额成本调整				
	定额变动差异				
本月生产费用	定额成本				
	脱离定额差异				
	材料成本差异				
生产成本合计	定额成本				
	脱离定额差异				
	材料成本差异				
	定额变动差异				
脱离定额差异分配率					
产成品成本	定额成本				
	脱离定额差异				
	材料成本差异				
	定额变动差异				
	实际成本				
月末在产品成本	定额成本				
	脱离定额差异				

产品成本计算的分类法

一、基本情况

明天集团下属的武汉公司第一分厂生产 A、B、C 三种产品，所用原材料和工艺过程相似，合并为甲类进行生产成本计算。该企业规定：该类产品的原材料费用随生产进度逐步投入，材料费用按照各种产品的原材料费用系数进行分配；加工费用按照各种产品的工时系数进行分配。同类产品内各种产品的原材料费用，按原材料费用定额确定系数；同类产品内各种产品之间的直接工资和制造费用，均按各种产品的定额工时计算确定系数；该公司规定 B 种产品为标准产品。

二、成本计算的有关资料

明天集团下属的武汉公司第一分厂 20×7 年 11 月生产甲类(A、B、C 三种产品)产品，有关成本资料如下：

(1)甲类产品成本资料，见表 7—1。

表 7—1　　甲类产品期初在产品成本和本月生产费用

20×7 年 11 月　　单位：元

项　目	直接材料	直接人工	制造费用	合计
期初在产品成本(定额成本)	41 910	13 530	44 550	99 990
本月生产费用	53 340	18 500	60 090	131 930
生产费用合计	95 250	32 030	104 640	231 920

(2)甲类产品的工时定额和材料消耗定额分别为：①工时定额为：A 产品 16 小时，B 产品 10 小时，C 产品 11 小时。②材料消耗定额为：A 产品 212.80 元，B 产品 266.00 元，C 产品 345.80元。

(3)该公司 11 月份各产品完工产品与在产品的实际产量分别为：①完工产品产量：A 产品

120 件,B 产品 90 件,C 产品 150 件。②在产品产量为:A 产品 100 件,B 产品 100 件,C 产品 50 件。

(4)甲类各种产品在产品单位定额成本资料,见表 7—2。

表 7—2　　**甲类各种产品在产品单位定额成本**　　单位:元

甲类产品	直接材料	直接人工	制造费用	合计
A 产品	120	50	165	335
B 产品	110	60	158	328
C 产品	149.60	34.20	191	374.80

三、成本计算程序

(1)计算甲类完工产品的生产成本。

根据上述成本资料,运用品种法的成本计算原理,计算出本月甲类产品的本月完工产品成本和月末在产品成本,见表 7—3。

表 7—3　　**成本计算单**

产品:甲类产品　　20×7 年 11 月　　单位:元

20×7 年		摘　要	直接材料	直接工资	制造费用	合　计
月	日					
10	31	期初在产品成本(定额成本)				
11	30	本月发生的生产费用				
	30	生产费用合计				
	30	本月完工甲类产品成本				
	30	期末甲类在产品成本(定额成本)				

(2)计算甲类产品的类内 A、B、C 产品的生产成本。

①根据各产品所耗各种原材料的消耗定额、计划单价以及费用总定额,以及工时定额编制系数计算表,见表 7—4。

表 7—4　　**各种产品系数计算表**

产品:甲类产品　　20×7 年 11 月

产品名称		加工费用系数		直接材料系数	
		单位产品工时定额	人工和制造费用系数	单位产品材料定额	原材料费用系数
甲类产品	A 产品				
	B 产品(标准产品)				
	C 产品				

②根据各种产品的产量、原材料费用系数,人工和制造费用系数计算总系数(或标准产量),见表 7—5。

表 7—5　　产品总系数计算表

产品:甲类产品　　20×7 年 11 月

品名	产品产量(件)	人工和制造费用分配总系数		材料费用分配总系数	
		系数	总系数	系数	总系数
A 产品					
B 产品					
C 产品					
合　计					

③根据甲类产品的生产成本明细账中 11 月份产成品的成本资料，编制该类各种产成品成本计算表，见表 7—6。

表 7—6　　甲类内的各种产品成本计算表

产品类别:甲类产品　　20×7 年 11 月　　金额单位:元

项　目	产量(件)	原材料费用总系数	直接材料分配额	加工费用总系数	直接工资分配额	制造费用分配额	各种产品总成本	单位成本
甲类产品成本								
分配率								
A 产品								
B 产品								
C 产品								
合计								

综合实训

一、实训目的

通过实训，使学生明确实际工作中成本核算的程序，掌握成本核算的方法，理解成本核算的原理，使学生毕业后能胜任企业成本核算岗位的工作。

二、实训资料

（一）基本概况

长江纺织有限公司主要从事各类棉布的生产、销售，核定为一般纳税人。生产过程分为纺纱、织布二个步骤，生产各类棉布。另外设有供电、供水、供气三个辅助生产车间。

生产工艺流程：纺纱车间根据生产计划生产经纱棉纱和纬纱棉纱，经验收合格后送交自制半成品仓库。织布车间领用各种棉纱，加工制成棉布，验收合格后入产成品库。原材料均系开始时一次性投入。

成本核算要求：成本计算采用逐步结转分步法。纺纱车间以经纱和纬纱作为成本计算对象归集生产费用，计算经纱、纬纱成本；织布车间以棉布 1 号和棉布 2 号作为成本计算对象归集生产费用，计算完工产品成本。

（二）相关资料

（1）期初在产品成本记录如表 8—1 所示。

表 8—1　　期初在产品成本

产品名称	直接材料	直接人工	制造费用
纬纱	992 940.00	230 000.00	180 000.00
经纱	1 808 100.00	180 000.00	160 000.00
棉布 1 号	2 463 560.00	200 000.00	170 000.00
棉布 2 号	2 549 600.00	160 000.00	150 000.00

（2）自制半成品明细账期初余额结存如表 8—2 所示。

表 8—2　　自制半成品明细账期初余额

自制半成品	数量（吨）	单价（元）	金额（元）
经纱	15	42.00	630 000
纬纱	10	53.00	530 000

（3）12 月产量记录如表 8—3 所示。

表 8－3　**12 月产量记录**

产品名称		期初在产品	本期投入	产品产量	期末在产品	在产品加工程度
棉纱	经纱	82 吨	200 吨	200 吨	82 吨	
	纬纱	173 吨	621 吨	620 吨	174 吨	
棉布	棉布 1 号	10 000 米	13 000 米	12 000 米	11 000 米	90%
	棉布 2 号	12 000 米	10 000 米	14 500 米	7 500 米	80%

(4)社会保险缴费比例：

养老保险 27%，其中单位缴费比例为 19%，职工个人缴费比例为 8%；

医疗保险 10%，其中单位缴费比例为 8%，职工个人缴费比例为 2%；

住房公积金 20%，其中单位缴费比例为 10%，职工个人缴费比例为 10%。

三、任务要求

核算该公司棉纱系列(经纱、纬纱)、棉布系列(棉布 1 号，棉布 2 号)四种产品的成本，按照成本核算的程序，根据长江纺织有限公司的生产工艺和管理要求，确定该公司产品成本核算的对象，并设置成本核算账户。

(1)设置成本核算账户。

(2)根据表 8－4 至表 8－14，编制“发料凭证汇总表”(表 8－16)，共同耗用的材料按定额耗用量比例法分配计算，根据发料凭证汇总表编制记账凭证。

(3)根据表 8－17、表 8－18，编制“工资费用分配表”(表 8－19)，按照定额法分配直接人工费用，根据工资费用分配表编制记账凭证。

(4)根据“修理费用汇总表”(表 8－20)编制记账凭证。修理费用用银行存款支付，不考虑增值税。

(5)根据“固定资产折旧计算表”(表 8－21)编制记账凭证。

(6)登记辅助生产成本明细账，根据辅助生产车间产品供应的对象及数量，按各产品的消耗定额在各种产品之间分配辅助生产成本(采用直接分配法)，并编制记账凭证。

(7)登记制造费用明细账，编制制造费用分配表，按照各产品制造费用消耗定额进行分配，并编制记账凭证。

(8)根据记账凭证登记基本生产成本明细账，计算纺纱车间完工产品和在产品成本(按年初数固定计算在产品法分配)，登记产品成本计算单(表 8－27、表 8－28)。

(9)填写“自制半成品入库单”(表 8－29)，将经纱、纬纱的完工产品验收入库，根据入库单编制记账凭证。

(10)织布车间领用自制半成品，采用加权平均法计算领用自制半成品成本，根据领料单(表 8－30、表 8－31)编制记账凭证。

(11)根据记账凭证登记基本生产成本明细账，按照约当产量法将生产费用在完工产品和在产品之间进行分配，计算完工产品成本(表 8－32、表 8－33)。

(12)登记产品入库单(表 8－34)，编制记账凭证。

2017 年 12 月各种材料消耗情况如表 8－4 至表 8－14 所示。

表 8—4 **领 料 单**

领料部门:纺纱车间

用　　途:生产纬纱　　　　2017 年 12 月 1 日

原料名称	规格	单位	实发数量	单价	金额(元)	备注
原棉	一级	千克	30 000	20.00	600 000	
原棉	二级	千克	15 000	14.00	210 000	
原棉	三级	千克	5 000	10.00	50 000	
合计					860 000	

车间主任:王凯　　　　保管员:刘颖　　　　领料人:张胜

表 8—5 **领 料 单**

领料部门:纺纱车间

用　　途:生产纬纱　　　　2017 年 12 月 8 日

原料名称	规格	单位	实发数量	单价	金额(元)	备注
原棉	二级	千克	120 000	14.00	1 680 000	
合计					1 680 000	

车间主任:王凯　　　　保管员:刘颖　　　　领料人:张胜

表 8—6 **领 料 单**

领料部门:纺纱车间

用　　途:生产纬纱　　　　2017 年 12 月 21 日

原料名称	规格	单位	实发数量	单价	金额(元)	备注
原棉	一级	千克	10 000	20.00	200 000	
	二级	千克	12 000	14.00	168 000	
	三级	千克	8 000	10.00	80 000	
合计					448 000	

车间主任:王凯　　　　保管员:刘颖　　　　领料人:张胜

表 8—7 **领 料 单**

领料部门:纺纱车间

用　　途:生产纬纱　　　　2017 年 12 月 25 日

原料名称	规格	单位	实发数量	单价	金额(元)	备注
原棉	三级	千克	10 000	10.00	100 000	
合计					100 000	

车间主任:王凯　　　　保管员:刘颖　　　　领料人:张胜

表 8—8 领 料 单

领料部门:纺纱车间

用　　途:生产纬纱　　　　2017 年 12 月 30 日

原料名称	规格	单位	实发数量	单价	金额(元)	备注
原棉	二级	千克	110 000	15.00	1 650 000	
合计					1 650 000	

车间主任:王凯　　　　保管员:刘颖　　　　领料人:张胜

表 8—9 领 料 单

领料部门:纺纱车间

用　　途:生产纬纱　　　　2017 年 12 月 31 日

原料名称	规格	单位	实发数量	单价	金额(元)	备注
原棉	二级	千克	350 000	15.00	5 250 000	
合计					5 250 000	

车间主任:王凯　　　　保管员:刘颖　　　　领料人:张胜

表 8—10 领 料 单

领料部门:纺纱车间

用　　途:棉纱包装　　　　2017 年 12 月 1 日

原料名称	规格	单位	实发数量	单价	金额(元)	备注
内膜袋	1 号	个	15 000	0.05	750.00	
编织袋	1 号	个	1 000	2.06	2 060.00	
纸管	三级	条	15 000	0.25	3 750.00	
合计					6 560.00	

车间主任:王凯　　　　保管员:王艳　　　　领料人:王珂

表 8—11 领 料 单

领料部门:织布车间

用　　途:棉布包装　　　　2017 年 12 月 1 日

原料名称	规格	单位	数量	单价	金额(元)	备注
包套	2 号	个	8 000	7.50	60 000.00	
麻绳		千克	3 000	8.80	26 400.00	
缝包线		千克	15 000	0.20	3 000.00	
合计					89 400.00	

车间主任:徐凯　　　　保管员:王艳　　　　领料人:徐青

表 8－12 **领 料 单**

领料部门:织布车间

用　　途:棉布包装　　　　　　2017 年 12 月 1 日

原料名称	规格	单位	数量	单价	金额(元)	备注
浆料	HB400	千克	930	2.00	1 860.00	
浆料	HB402	千克	1 600	18.00	28 800.00	
合计					30 660.00	

车间主任:徐凯　　　　保管员:王艳　　　　领料人:徐青

表 8－13 **领 料 单**

领料部门:纺纱车间

用　　途:机物料消耗、设备维修　　　　2017 年 12 月 1 日

原料名称	规格	单位	数量	单价	金额(元)	备注
胶圈	637×28×0.9	个	50 000	1.00	50 000.00	
轴承	SL-6819A	个	7 000	8.00	56 000.00	
汽油	92#	升	600	6.80	4 080.00	
合计					110 080.00	

车间主任:王凯　　　　保管员:刘艳　　　　领料人:王静

表 8－14 **领 料 单**

领料部门:织布车间

用　　途:棉布包装　　　　　　2017 年 12 月 1 日

原料名称	规格	单位	实发数量	单价	金额(元)	备注
钢筘	75#	片	50	220.00	11 000.00	
棕丝	6#	支	60 000	0.80	48 000.00	
轴承	203#	个	800	10.00	8 000.00	
汽油	92#	升	500	6.80	3 400.00	
合计					70 400.00	

车间主任:徐凯　　　　保管员:李艳　　　　领料人:徐文

据统计,供电、供水、供汽车间本月分别领用其他材料:8 000元、950 元、4 500元。(领料单略)

各产品耗用材料单位定额标准及产量记录如表 8－15 所示。

表 8－15 **产品耗材定额标准及产量记录表**

产品名称		单位	单位包装材料定额	单位浆料定额	产量
棉纱	经纱	元/吨	200.00		200 吨
	纬纱	元/吨	200.00		620 吨

续表

产品名称		单位	单位包装材料定额	单位浆料定额	产量
棉布	棉布1号	元/百米	4.00	40.00	12 000米
	棉布2号	元/百米	4.20	55.00	14 500米

表8—16

发料凭证汇总表

2017年12月

			主要材料			辅助材料		其他材料	合计
			原棉一级	原棉二级	原棉三级	包装材料	浆料材料		
基本生产成本	纺纱车间	经纱							
		纬纱							
	小计								
	织布车间	棉布1号							
		棉布2号							
	小计								
辅助生产成本	供电车间								
	供水车间								
	供气车间								
制造费用	纺纱车间								
	织布车间								
合计									

表8—17

工资结算汇总表

2017年12月

部门	人员	标准工资	薪级工资	工龄工资	加班费	缺勤扣款	应付工资	养老保险	医疗保险	公积金	实发工资
纺纱车间	生产工人	240 000.00	980 460.00	7 046.00	42 200.00	10 144.00	1 259 562.00	100 764.96	25 191.24	125 956.20	1 007 649.60
	管理人员	20 160.00	220 000.00	1 004.00	1 760.00	6 000.00	236 924.00	18 953.92	4 738.48	23 692.40	189 539.20
	小计	260 160.00	1 200 460.00	8 050.00	43 960.00	16 144.00	1 496 486.00	119 718.88	29 929.72	149 648.60	1 197 188.80
织布车间	生产工人	179 360.00	767 911.00	5 605.00	28 524.00	9 907.00	971 493.00	77 719.44	19 429.86	97 149.30	777 194.40
	管理人员	10 080.00	62 748.00	315.00	839.00	3 867.00	70 115.00	5 609.2	1 402.30	7 011.50	5 609.20
	小计	189 440.00	830 659.00	5 920.00	29 363.00	13 774.00	1 041 608.00	83 328.64	20 832.16	104 160.80	833 286.40
辅助生产车间	供电车间	4 000.00	21 945.00	125.00	690.00	672.00	26 088.00	2 087.04	521.76	2 608.80	20 870.40
	供水车间	6 640.00	3 600.00	25.00	120.00	212.00	10 173.00	813.84	203.46	1 017.30	8 138.40
	供汽车间	8 160.00	969.00	5.00	28.00	49.00	9 113.00	729.04	182.26	911.30	7 290.40
	小计	18 800.00	26 514.00	155.00	838.00	933.00	45 374.00	3 629.92	907.48	4 537.4	36 299.20
行政部门											
合计		468 400.00	2 057 633.00	14 125.00	74 161.00	30 851.00	2 583 468.00	206 677.44	51 669.36	258 346.80	206 677.44

表 8—18　　　　**各产品耗用人工单位定额标准**

产品名称		单位	单位人工定额	产量
棉纱	经纱	元/吨	1 880.00	200 吨
	纬纱	元/吨	1 500.00	620 吨
棉布	棉布 1 号	元/百米	78.00	12 000 米
	棉布 2 号	元/百米	100.20	14 500 米

表 8—19　　　　**工资费用分配表**

			应付工资	医疗保险(8%)	养老保险(19%)	住房公积金(10%)	工会经费(2%)	职工教育经费(1.5%)	合计
基本生产成本	纺纱车间	经纱							
		纬纱							
	小计								
	织布车间	棉布 1 号							
		棉布 2 号							
	小计								
辅助生产成本	供电车间								
	供水车间								
	供气车间								
制造费用	纺纱车间								
	织布车间								
管理费用									
合计									

表 8—20　　　　**修理费用汇总表**

2017 年 12 月 30 日

单位名称	材料费	工时费	合计
纺纱车间	840.00	5 600.00	6 440.00
织布车间	1 450.00	7 850.00	9 300.00
供水车间	500.00	1 100.00	1 600.00
供气车间	652.00	1 496.00	2 148.00
合计	3 442.00	16 046.00	19 488.00

表 8—21　　　　**固定资产折旧计算表**

2017 年 12 月

部门及项目		月初固定资产原值	月折旧率	月折旧额
纺纱车间	房屋、建筑物	43 500 000.00	1.5‰	
	机器设备	136 234 000.00	6.4‰	
	运输工具	1 850 200.00	5‰	
	小计	181 584 200.00		

续表

部门及项目		月初固定资产原值	月折旧率	月折旧额
织布车间	房屋、建筑物	56 800 000.00	1.5‰	
	机器设备	180 570 000.00	6.4‰	
	运输工具	1 450 000.00	5‰	
	小计	238 820 000.00		
供电车间	房屋、建筑物	3 459 000.00	1.5‰	
	机器设备	7 050 700.00	6.4‰	
	小计	10 509 700.00		
供水车间	房屋、建筑物	1 780 000.00	1.5‰	
	机器设备	1 650 000.00	6.4‰	
	小计	3 430 000.00		
供气车间	房屋、建筑物	380 000.00	1.5‰	
	机器设备	800 000.00	6.4‰	
	小计	1 180 000.00		
行政部门	房屋、建筑物	52 738 600.00	1.5‰	
	机器设备	1 342 230.00	6.4‰	
	小计	54 080 830.00		
合计				

表 8—22　　各车间燃料动力耗用量

受益部门	供电(度)	供水(立方米)	供气(吨)	合计
纺纱车间产品耗用	2 450 323			
织布车间产品耗用	2 754 233		1 650	
纺纱车间	506 797	28 454	455	
织布车间	541 323	39 865	740	
行政管理部门	498 170	29 761	1 663	
	6 750 846	98 080	4 508	

表 8—23　　各产品耗用燃料动力单位定额标准

产品名称		单位	单位燃料动力定额	产量
棉纱	经纱	元/吨	4 500.00	200 吨
	纬纱	元/吨	3 200.00	620 吨
棉布	棉布 1 号	元/百米	110.00	12 000 米
	棉布 2 号	元/百米	140.20	14 500 米

表 8—24 **辅助生产费用分配表**

项目	部门	产品名称	供电	供水	供气
基本生产成本	纺纱车间	经纱			
		纬纱			
	小计				
	织布车间	棉布 1 号			
		棉布 2 号			
	小计				
辅助生产成本	供电车间				
	供水车间				
	供气车间				
制造费用	纺纱车间				
	织布车间				
管理费用	行政管理部门				

表 8—25 **各产品制造费用单位定额标准**

产品名称		单位	单位制造费用定额	产量
棉纱	经纱	元/吨	4 100.00	200 吨
	纬纱	元/吨	3 000.00	620 吨
棉布	棉布 1 号	元/百米	270.00	12 000 米
	棉布 2 号	元/百米	320.00	14 500 米

表 8—26 **制造费用分配表**

部门产品名称			单位消耗定额	定额消耗量	分配率	应分配金额
基本生产成本	纺纱车间	经纱				
		纬纱				
		小计				
	织布车间	棉布 1 号				
		棉布 2 号				
		小计				

表 8—27 **产品成本计算表**

车间： 产品：

产量：

项目	直接材料	直接人工	制造费用	合计
月初在产品成本				

续表

项目	直接材料	直接人工	制造费用	合计
本月生产费用				
合计				
完工产品成本				
单位成本				
月末在产品成本				

表 8－28　　产品成本计算表

车间：　　　　产品：

产量：

项目	直接材料	直接人工	制造费用	合计
月初在产品成本				
本月生产费用				
合计				
完工产品成本				
单位成本				
月末在产品成本				

表 8－29　　自制半成品入库单

2017 年 12 月

生产车间	产品名称	入库数量(吨)	单位成本	总成本
纺纱车间	棉纱(纬纱)			
	棉纱(经纱)			
合计				

表 8－30　　领　料　单

领料部门:织布车间

用　　途:生产棉布 1 号　　2017 年 12 月 31 日

原料名称	规格	单位	实发数量	单位成本(元)	金额(元)	备注
自制半成品	棉纱(经纱)	吨	95			
	棉纱(纬纱)	吨	215			
合计			310			

表 8－31

领　料　单

领料部门:织布车间

用　　途:生产棉布 2 号

2017 年 12 月 31 日

原料名称	规格	单位	实发数量	单位成本(元)	金额(元)	备注
自制半成品	棉纱(经纱)	吨	110			
	棉纱(纬纱)	吨	205			
合计			315			

表 8－32

产品成本计算表

车间:

产品:

产量:

项目	直接材料	直接人工	制造费用	合计
月初在产品成本				
本月生产费用				
合计				
完工产品成本				
单位成本				
月末在产品成本				

表 8－33

产品成本计算表

车间:

产品:

产量:

项目	直接材料	直接人工	制造费用	合计
月初在产品成本				
本月生产费用				
合计				
完工产品成本				
单位成本				
月末在产品成本				

表 8－34

产成品入库单

2017 年 12 月

生产车间	产品名称	完工入库(米)	单位成本(元)	总成本(元)
织布车间	棉布 1 号	12 000		
	棉布 2 号	145 000		
合计				